Heiko Fritz

Gott und der Tod

Zum logischen Zusammenhang zweier Grenzerfahrungen

TALOS

Heiko Fritz

Gott und der Tod

Zum logischen Zusammenhang zweier Grenzerfahrungen

TALOS

Fritz, Heiko: Gott und der Tod. Zum logischen Zusammenhang zweier Grenzerfahrungen
Hamburg, Talos Verlag 2012

1. Auflage
ISBN: 978-3-943371-00-0

Dieses Buch ist auch als eBook erhältlich und kann über den Handel oder den Verlag bezogen werden.
ebook: ISBN 978-3-943371-02-4

Lektorat: Daniela Bach
Umschlaggestaltung © Talos Verlag
Covermotiv: © Binkski/fotolia.de

Bibliografische Information der Deutschen Nationalbibliothek:
Die Deutsche Nationalbibliothek verzeichnet diese Publikation in der Deutschen Nationalbibliografie; detaillierte bibliografische Daten sind im Internet über http://dnb.d-nb.de abrufbar.

Der Talos Verlag ist ein Imprint der Diplomica Verlag GmbH,
Hermannstal 119k, 22119 Hamburg.

http://www.talos-verlag.de
Printed in Europe

Alexander spricht zur Totenerscheinung seines Vaters:
„Hast du da drüben auf der anderen Seite Gott überhaupt schon gesehen?
Keiner, – Keiner macht sich Gedanken darüber.
Idioten, alle wie sie sind.“

Der Vater erwidert darauf:
„Du mußt Geduld haben mit den Menschen, Alexander.“

Ingmar Bergman
aus dem Film „Fanny und Alexander“

Dieses Buch ist
Frau Annelise Krantz-Gross
aus Anlaß ihres *100. Geburtstages*
am 10. Juni 2010 in herzlicher Dankbarkeit gewidmet.

Inhalt

Vorrede

Dieses Buch ist vornehmlich eine Zusammenfassung von Grundideen, die jedoch durch beispielhafte Beweisführungen aus der menschlichen Geschichte und der Gegenwart gestützt werden.

Für das Verständnis der einzelnen Einsichten benötigt der Leser keine Wissensvoraussetzungen aus Theologie, (Natur-) Wissenschaft oder Philosophie, es soll sich vielmehr aus den ihnen vorlaufenden oder nachfolgenden Darlegungen ergeben.

Die Motive für eine solche Vorgehensweise sind vielschichtig. Zunächst ist die Dimension des Themas zu nennen. Mit dem Göttlichen und dem Tod sind Phänomene benannt, die nicht nur einen Ausschnitt des menschlichen Lebens präsentieren, sondern dieses vielmehr zu umschließen scheinen. Sie übersteigen den menschlichen Alltag offensichtlich in einem unüberschaubaren Maße.

Bei dieser Unübersehbarkeit der zu untersuchenden Erscheinungen würden zwar reichhaltige Belege die gewonnenen Kenntnisse stützen, gäben ihr aber keineswegs endgültige Gewissheit. Der Mensch kann in Bezug auf die Phänomene des Todes und des Göttlichen nicht „über den Dingen“ stehen.

Dessen ungeachtet würde ein Aufführen einer

Vielzahl von Einzelnachweisen die eigentlichen Grundgedanken verstellen und deren ohnehin schon komplexen Erscheinungsformen unnötig verkomplizieren. Es ist also vornehmlich eine Rücksichtnahme auf den in metaphysischen Bereichen unbewanderten Leser, wenn in diesem Buch der Vielfältigkeit der Gedankengänge größtenteils mit zusammenfassenden Bündelungen begegnet wird, um so eine nachvollziehbare Annäherung an die Phänomene des Todes und des Göttlichen anzubieten.

Ein Ansatz eines Überblick über solch mannigfaltige Erscheinungsformen, wie es eben diese beiden Phänomene darstellen, ist nur zu erreichen, wenn der Umfang der Arbeit nicht ausufert, sondern in einem eng gesteckten Rahmen verbleibt. Das ist umso sinnvoller, weil es ein aussichtsloses Unterfangen wäre, das Thema erschöpfend behandeln zu wollen. Die folgende Untersuchung ist vornehmlich als ein Versuch zu verstehen, einen Begriff davon zu erlangen, welche Wandlungen die Auffassungen vom Göttlichen und vom Tod in der Geschichte der Menschheit erfuhren und warum in der festzustellenden Form.

An dieser Stelle seien in wertschätzender und dankender Weise drei Denker besonders erwähnt, die für den Verfasser geistige Wegbereiter sind und ohne die für ihn ein solches Vorhaben vergeblich gewesen wäre.

Auf dem Gebiet der Philosophie ist es Bruno Liebrucks, auf dessen Einsichten auf psychologischer

Ebene Wolfgang Giegerich aufbaut, wenn auch keineswegs ausschließlich. Beide wiesen in umfänglicher und detaillierter Weise nach, daß die Verfaßtheit des Bewußtseins die Erscheinungsweise der Daseinswelt bestimmt. Zudem zeigen die Arbeiten von Wolfgang Giegerich, daß eine Trennung von Denkrichtungen wie Philosophie und Psychologie streng genommen nicht möglich ist.

Wer das Leben begreifen will, muß sich ihm geistig nähern und muß zudem die Logik dieses Denkens beleuchten. Indem Wolfgang Giegerich und Bruno Liebrucks das in ihren Schriften tun, erhalten diese eine einzigartige Erkenntnisdimension. Schon ein einziges Buch von ihnen ersetzt ganze Bibliotheken.

Im Bereich der Mythen- und Märchenforschung ist schließlich das Werk von Heino Gehrts von unschätzbarem Wert. Sein Wissen über die schamanischen und rituellen Welten kann auch die Erforschung der Gegenwart durchaus befruchten. Ihm verdankt der Verfasser in Bezug auf das vorliegende Buch vor allem die Einsicht, daß die verschiedenen Seinsweisen des Menschen sich in Kulturepochen vergegenständlichen, in denen sich charakteristische metaphysische Vorstellungen herausbilden, die das Verhalten der jeweiligen Kulturträger wesentlich beherrschen.

Einleitung

Es gibt zwei Verhaltensweisen, die seit frühester Zeit Besonderheiten der Spezies Mensch sind: Zum einen sein spezielles Verhalten gegenüber dem sogenannten Göttlichen und zum anderen die Sorge um die Toten.

Wenn die folgenden Erörterungen einen Zusammenhang zutage fördern zwischen dem geistigen Zustand des Menschen und seiner Begegnung mit dem Göttlichen sowie seiner Auseinandersetzung mit dem Tod (also auch mit dem Vorgang des Sterbens), so setzt das voraus, daß sowohl die Vorstellungen vom Göttlichen wie vom Tod im Laufe der menschlichen Geschichte große Wandlungen erfahren haben.

Das, was zum Beispiel in der Gegenwart unter dem christlichen Gott verstanden wird, unterscheidet sich von der mittelalterlichen Gottesvorstellung im Christentum. Vor tausend Jahren war die Auseinandersetzung mit dem religiösen Glauben noch unmittelbar in diesen eingebunden, während wir heute mit dem naturwissenschaftlichen Weltbild weitgehend von außen auf unsere Religiosität sehen, und zwar unabhängig davon, ob wir uns persönlich zu ihr bekennen oder nicht. Im christlichen Mittelalter war beispielsweise der Glaube an Gott zumindest im alltäglichen Leben eine ungefragte Überzeugung. In der Gegenwart wird ein Bekenntnis für oder gegen die Existenz des christlichen Gottes abgegeben. Ist ein Mensch davon überzeugt, daß dieser heute noch präsent ist, muß er seine Gewißheit gegen die Zweifel der Mitmenschen immer wieder behaupten. Schon diese geschichtlichen Unterscheidungsmerkmale zeigen die verschiedenartigen Vorstellungsweisen vom Begriff des Göttlichen.

Auch die mannigfaltigen gegenwärtigen Glaubensformen verweisen auf die Vielzahl von Anschauungsweisen des Göttlichen. Im monotheistischen Glauben ist der moslemische Gott gegenüber dem jüdischen ebenso andersartig wie beide im Vergleich zum christlichen. Es gibt zwar zwischen diesen Religionen eine ganze Reihe von ähnlichen Wesensmerkmalen, die zur Klassifizierung des Monotheismus führen, aber bei genauer Betrachtung ergeben sich ungeachtet dessen zwischen ihnen bedeutende qualitative Differenzen.

Auch bei der Auseinandersetzung des Menschen mit dem Phänomen des Todes sind sowohl geschichtliche wie gegenwartsbezogene Unterschiede im Verständnis des Todes und der dementsprechenden Verhaltensweise ihm gegenüber festzustellen. Die Abweichungen bei den Bestattungsbräuchen sind ein direkter Erweis dafür. Erdbestattung, Feuerbestattung (also das Verbrennen der Toten), Mumifizierung oder Verwesung der Leiche an der Luft auf einem entsprechend dafür hergerichteten Gestell – die Vielzahl der Totenversorgung spricht für sich.

Das Verhalten und die Handlungen, die eine Beziehung zu den Erscheinungen des Todes und des Göttlichen zeigen, sind typisch menschlich. Soweit es der Mensch mit seinen derzeitigen Erkenntnisdimensionen ermitteln kann, gewahrt er weder in der Tier- noch in der Pflanzenwelt Spezien, die Verhaltensformen offenbaren, die an eine Art Anbetung zu übernatürlichen Wesensphänomenen erinnern könnten. Auch erfahren beispielsweise die toten Artgenossen bei den Tieren kein spezielles Interesse. Bei einigen wenigen Tierarten werden sie zwar gefressen, aber dabei sieht das lebende Tier in seinem gleichartigen Toten nicht mehr primär einen Artgenossen, sondern einen Kadaver, der bloße natürliche Nahrungsquelle ist.

Wenn bei den folgenden Erörterungen gezeigt wird, inwiefern ein Bezug besteht zwischen der Welt-, Gottes- und Todesauffassung und der jeweils vorherrschenden geistigen Stufe, die der Mensch erlangt hat, dann besteht die Gefahr, gewollt oder ungewollt, eine Entwicklungstheorie der geistigen Entfaltung des Menschen aufzustellen, die zudem an einen immer vollkommeneren Ausbau seiner Sittlichkeit zum Guten geknüpft sein könnte. Auf den ersten Blick scheinen tatsächlich Tendenzen zutage zu treten, die diese Grundannahme bestätigen könnten. Es ist zum Beispiel nachvollziehbar, den Wandel vom Polytheismus zum Monotheismus als eine gewinnbringende Bündelung der Geisteskraft zu verstehen. Oder mit einer moralischen

Sichtweise kann durchaus die Opfertötung bei der rituellen Handlung abgewertet werden gegenüber der weitgehend kommunikativen Hinwendung des religiösen Menschen an seinen Gott mit Hilfe des Gebetes. In einem solchen Zusammenhang wird von einer Humanisierung des Menschengeschlechts geredet.

Doch selbst bei einer solchen Argumentationsausrichtung ist umgekehrt bei jedem sogenannten positiven Entwicklungstrend gleichzeitig die Kehrseite problemlos aufzuzeigen. Mit den eben genannten Beispielen kann das belegt werden: Der Monotheismus bedeutet eine Konzentration des Geistes auf einen Gott. Damit einher entwickelt sich eine einseitige Weltsicht, die den Menschen und die Welt beherrscht. Das führt zu gewaltigen Veränderungen auf der Erde, die in der weltweiten Industrialisierung ihren vorläufigen Höhepunkt gefunden haben. Diese sichtbaren Errungenschaften der Geisteskomprimierung gehen jedoch mit bedeutsamen Verlusten einher. Viele Erfahrungsbereiche bleiben dem allein auf die Naturwissenschaften ausgerichteten Menschen verschlossen, sodaß für ihn seit der Zeit der Aufklärung ein wesentlicher Teil der Wirklichkeit einfach nicht mehr vorherrscht. Der heute erfahrene Sinnverlust charakterisiert am eindrucksvollsten die Schattenseite des modernen Menschen der monotheistischen Welt.

Auch das zweite Beispiel hat neben seinem Fortschrittsaspekt eine dunkle Seite. Der religiöse Mensch verabschiedet sich zwar von der tatsächlich vollzogenen Opfertötung. Aber demgegenüber wird er in kriegerischen Auseinandersetzungen barbarischer als es die von ihm so genannten Barbaren je waren. Der sich vom rituellen Töten distanzierende europäische Mensch beispielsweise vollzog von den Kreuzzügen über den Dreißigjährigen Krieg bis hin zu den beiden Weltkriegen Vernichtungsorgien, die die Tötungen bei den Opferritualen und den kriegerischen Auseinandersetzungen der ursprünglichen Völker unbedeutend aussehen lassen, wenn die Todeszahlen und die Perfektion der Zerstörungsmaschinerien zum Vergleich herangezogen werden.

Die in den letzten Jahrhunderten millionenfach begangenen tötenden Handlungen erscheinen insbesondere auf das einzelne persönliche Leben bezogen sinnentleert. Und die viel beschworenen Lehren, die man aus den ungezählten Massakern ziehen sollte, offenbaren sich als Worthülsen ohne Bedeutungsschwere. Das zeigt sich besonders eindrucksvoll an dem atomaren, chemischen und biologischen Waffenarsenal, das die Menschheit mittlerweile angesammelt hat und das wie ein Pulverfaß ist, wenn die oft hysterischen Reaktionsweisen des Zivilisationsmenschen bei Konfrontationen mit Weltproblemen berücksichtigt werden.

Bevor nun die ersten Schritte zu einem Verständnis für die Erscheinungen des Todes und des Göttlichen getan werden können, müssen zunächst die geistigen

Grundlagen der möglichen Einsichten eine Betrachtung erfahren. Insbesondere ist zu klären, unter welchen geistigen Voraussetzungen Erkenntnisse zu erwarten sind.

Die Bodenlosigkeit der Betrachtung

Begriffe wie „der Tod“ oder „das Göttliche“ werden mit Eigenschaften wie unendlich, ewig, absolut oder allumfassend beschrieben. Dem Menschen fehlt also für diese Phänomene ein fester Grund.

Gerade die Gegenwart zeigt, daß beispielsweise mit einer naturwissenschaftlichen Sichtweise umfassende Aussagen weder über den Tod noch über eine vorhandene Dimension des Göttlichen gemacht werden können. So gibt es schlichtweg kein Tatsachenwissen über das, was zum Beispiel mit dem menschlichen Geist nach seinem Da-Sein auf Erden wird. Erlischt er oder strömt er in eine andere Seinsform? Der Mensch weiß lediglich, was mit seinem toten Leib geschehen wird.

Um die Erscheinungen des Göttlichen und des Todes, wie sie der Mensch erfährt, zu begreifen, ist also eine weiterreichende Geistesdimension vonnöten, als es die Naturwissenschaften verlangen. In ihr sind die Phänomene Göttliches und Tod vor allem Grenzbegriffe.

Bestätigt sich die Annahme, daß es eine Verwandtschaft zwischen den Geistesverfassungen des

Menschen und seinen Auffassungen über das Göttliche und den Tod gibt, würde das bedeuten, daß es sich bei diesen Phänomenen um Erscheinungen von Bewußt-Sein handelt, die Ergebnisse von bzw. bewußte Antworten auf Eindrücke sind, die auf den Bewußtseienden wirken. Somit besäße Bewußt-Sein Erscheinungen, die unbegrenzt sind, was den Schluß nach sich zieht, daß auch Bewußt-Sein die Eigenheit der Unbegrenztheit besitzt. Und betrachtet der Mensch sein geistiges Vermögen, so ist dies allein schon durch seinen nicht genau zu fixierenden Anfang und das ebenso ungewisse Ende nicht zu überschauen.

Keineswegs allein darum ist Bewußt-Sein für den Denkenden nicht hintergehbar, denn er vermag es zudem auch deswegen nicht, weil der Mensch als Mensch nicht losgelöst von Bewußt-Sein sein kann. Alles was er gewahrt, ist immer schon seine Abstraktion bzw. ein Darstellen durch seine logischen Fähigkeiten. Und jede menschliche Äußerung ist eine geistige Antwort auf das individuelle, geistig erfaßte Eindruckserlebnis.

Bei jedem Denkprozeß geschieht also eine logische Erwiderung auf etwas geistig Erkanntes und somit Anerkanntes. In dieser Weise antwortet der Mensch auf den empfangenen Eindruck menschlich, nämlich geistig auf einen geistigen Inhalt.

Alle Anschauungen und Erfahrungen des Menschen sind demzufolge ausschließlich ein Ergebnis seiner Geistestätigkeit, genauer von Bewußt-Sein. In diesem Sinne sind die persönlichen Überzeugungen eine Einheit zwischen dem individuellen Ausdruck von Bewußt-Sein und den von diesem erfahrenen geistigen Geschehnissen. Der Mensch vermag daher nur etwas zu erfassen, das durch Bewußt-Sein geschieht.

Wie wird Geschehnis Bewußt-Sein? Indem es zur Sprache kommt.

Sprache ist Bewußt-Sein, wie Bewußt-Sein Sprache, treffender gesagt sprachliches Denken, ist. Im sprachlichen Denken verhalte ich mich, indem ich mich zur Welt verhalte, gleichzeitig zu mir selbst, weil beides, Mensch und Welt, im Denken eine nicht aufzuhebende Einheit ist, sofern die Dimension von Bewußt-Sein und somit Mensch-Sein nicht verlassen werden soll.

Sprache ist die Formung von Worten, Sätzen, Perioden aus der unerschöpflichen Möglichkeit, die Sprache bietet. Demzufolge ist Bewußt-Sein die Gestaltung von Endlichkeiten aus seinem unendlichen Potential.

Zu sprachlicher Gestalt wird die Wirkung eines Eindruckes, wenn sie eine individuelle sprachliche Entsprechung erhält, die mit dem Eindruck und zudem mit den sprachlichen Artikulationen der anderen Individuen über diesen Eindruck harmonieren. Es findet also eine Kommunikation zwischen den Individuen über das, was ihnen begegnet, statt.

Bei einem solchen Austausch zwischen den Menschen tritt zudem eine Einsicht zutage, die auch bei dem geistigen Erfassen von Erscheinungen wahrgenommen werden kann: Der Mensch erfährt etwas geistig, das mit ihm durch den geistigen Bezug identisch ist, aber in dieser Identität durch den Unterschied zwischen ihm und dem, was er erfährt, gleichzeitig nichtidentisch ist.

Wenn zum Beispiel ein Mensch mit einem anderen Menschen kommuniziert, so ist das einzig durch die Identität beider Gesprächspartner möglich. Geistwesen können sich nur mit artverwandten Wesen und über ins Geistige übersetzungsfähige, also sprachliche Artikulationsgebilde austauschen. Darüber hinaus müssen die Gesprächspartner als Einzelne eine Identität mit sich selbst besitzen, um den Äußerungen eine bleibende Bedeutung geben zu können. Geistige Inhalte gibt es nur, wenn sie Beständigkeit im sich ununterbrochen verändernden Leben haben, sie also zu verschiedenen Zeiten annähernd gleichbedeutend bleiben. Durch diese Identität mit sich selbst ist der Mensch mit seinem Gesprächspartner zugleich auch nichtidentisch.

Der Mensch erfährt also in der Kommunikation von seinem Gegenüber einerseits sich selbst, indem er mit ihm durch die Sprachfähigkeit identisch ist, und andererseits etwas ihm Fremdes, Unpersönliches, weil der Andere etwas äußert, das vorerst nur für diesen ein beständiger Inhalt ist. In der Praxis setzt der Mensch ersteres voraus und bemerkt letzteres. Er hört beispielsweise von seinem Gesprächspartner ein Argument und reagiert zustimmend oder ablehnend, interessiert oder desinteressiert, liebend oder zornig darauf. Diese Nichtidentität mit dem anderen erlebt er nicht nur als sprachliche Wirkung, sondern ebenso als sichtbare Aktion. Und das Verhalten des Gegenüberstehenden ist für das eigene Verständnis, die eigene Auffassung und die eigene Handlung nicht so ohne weiteres zu übernehmen. Es gilt vielmehr, das Unbekannte in die individuelle Welt zu integrieren. Kann das offensichtlich Fremde mit dem sogenannten Bekannten der persönlichen Empfindungen und Vorstellungen verbunden werden, entwickelt der Mensch zum anderen eine Sympathie, treten hingegen bei der Begegnung mit dem Fremden unüberwindliche individuelle Hemmnisse auf, entsteht eine Antipathie, die bis zur Abwehrreaktion reichen kann.

Der Widerstand bei einer solchen Ablehnung bezeugt sehr deutlich das Unbekannte, das in dem Augenblick erfahren wird. Es ist hierbei bedeutungslos, ob diese ablehnende Haltung berechtigt oder haltlos ist, ob sie entstand, weil die Äußerung vielleicht nicht vereinbar ist mit der persönlichen Vorstellungswelt oder die Abstandgewinnung aus einer Anschauung heraus erfolgt, die von einer Mehrheit anerkannt wird, zum Beispiel von einem moralischen Standpunkt her – allein die Wirkung aufgrund eines erkannten fremdartig Anderen ist bei alledem von Interesse.

Indes, gerade bei der Moralität zeigt sich zudem, daß das Andere nicht unbedingt ein äußerlich Fremdes sein muß. Der Einzelne erfährt es auch an sich selbst. Die moralischen Vorstellungen entwickeln sich aus idealen Entwürfen, die auf den Boden eines gemeinschaftlichen Interesses vieler subjektiver Auffassungen fallen und sich darin verwurzeln. Moralische Grundsätze sind demgemäß Ergebnisse der vielfältigen individuellen und gemeinschaftlich durchgeführten Auseinandersetzungen mit dem jeweils vorherrschenden Da-Sein. Sie stellen Gemeinschaftsideale dar, die geschichtlich sind.

Der Einzelne kann die Gemeinschaftsinteressen für das menschliche Zusammenleben, die sich in der Moralität ausdrücken, anerkennen. Da er jedoch als gesellschaftliches Individuum bzw. individuelles Gesellschaftswesen mit der Bindung an die Gesellschaft gleichzeitig ihr gegenüber frei ist, sonst gäbe es ja keinen Unterschied zwischen Individuum und Gesellschaft, besitzt er auch die Eigenständigkeit, diese mißachten zu können. Freilich muß die Mehrzahl der Menschengemeinschaft den moralischen Grundsätzen Ehre erweisen, wenn diese im gemeinsamen Leben Wirkungen haben sollen.

Wenn der Mensch nun den Standpunkt der Moral akzeptiert, dann bewertet er nicht allein das Verhalten seiner Mitmenschen, sondern er setzt gleichzeitig die eigene Handlungsweise ins Verhältnis zu den moralischen Auffassungen. Das ist kein bloßes Gedankenspiel, vielmehr zeigen die persönlichen Gewissenskonflikte bei eigenen moralischen Verfehlungen, daß eine ernsthafte Beschäftigung mit sich selbst stattfindet. Nicht selten ist die Selbstbeschuldigung für Übertretungen von moralischen Richtlinien unnachgiebiger als die Schuldzuweisung gegenüber anderen Menschen, die eine moralische Zuwiderhandlung begingen. In der moralischen Selbstkritik steht sich der Einzelne als Richter und Angeklagter in einem gegenüber. In einer anderen Situation können jedoch ebenso Bewunderer und Bewunderter in einer Person vereint sein, wenn diese beispielsweise stolz auf ihre Leistung ist.

Solche geistigen Konstellationen bekräftigen, daß es durchaus etwas Persönlichkeitsfremdes innerhalb des sich abgrenzenden Individuums gibt. Insbesondere bei unerwarteten Erlebnissen offenbart sich dem Menschen das „persönlich Fremde". Er bewältigt zum Beispiel eine Aufgabe, die ihm zunächst als zu groß erscheint, oder er wird von einem Ereignis überwältigt, bei dem er in einer Weise reagiert, die mit seiner bisherigen Handlungsweise nicht übereinstimmt. Doch, so überraschend solche Ergebnisse oder Reaktionen für ihn sind, er bleibt dieselbe Person, gleichwohl bereichert um eine neuartige Erfahrung.

Der Mensch kann also auf sein Da-Sein mit bekannter und unbekannter Verhaltensweise antworten. Das heißt, die einzelne Person erfährt sich mit einem Anteil, den sie bereits an sich kennt, gleichzeitig jedoch auch mit einem, der ihr fremd ist. Demgemäß ist der Mensch als geistiges Wesen eine Einheit von Identität mit sich selbst und Nichtidentität mit sich selbst.

Einheit im hier gemeinten Sinne bedeutet nicht, daß zwei unterschiedliche Phänomene, die sonst nichts miteinander zu tun haben, in eine Beziehung gesetzt werden, sondern sie entsteht vielmehr durch das gleichzeitige Vorhandensein beider Seiten. Wobei jeweils die Existenz der einen Seite die andere begründet. Sie können nicht getrennt werden. Würde eine Seite wegfallen, verschwände auch die andere. Beide Seiten der Einheit können sich also nicht vereinzeln, jedoch ist ebenso eine Verschmelzung unmöglich. Eine derartige Einheit kann einzig durch etwas ganz anderes außer Kraft gesetzt werden, dann aber existiert sie entweder nicht mehr oder sie ist ein aufgehobener Bestandteil von etwas völlig Neuem.

Wenn der Mensch sich im Leben sowohl als mit sich identisch und desgleichen als mit sich nichtidentisch erfährt, so gilt das gleichermaßen für sein Verhältnis zu seiner Welt. Sie wirkt in gleicher Weise auf ihn ein, nämlich als zugleich bekannte und unbekannte. Damit offenbart sich hier erneut eine sich gegenseitig bedingende Verknüpfung zwischen dem Menschen und der von ihm erfahrenen Welt. Es existiert etwas außerhalb des Menschen und ist doch nur auf Grund seiner geistigen Aktivität da. Auch der Mensch selbst ist einerseits weltlich und doch andererseits nur durch seine bewußte Seinserfahrung (durch Bewußt-Sein) in der menschlichen Welt existent. Das heißt, das Geistwesen erlebt nur eine geistige Welt und beides, Geistwesen und geistige Welt entstehen einzig und allein durch die geistige Tätigkeit als Bewegung zwischen beiden.

Der Mensch kann somit als Mensch die Dimension von Bewußt-Sein nie verlassen. Auch rein vegetative Vorgänge werden von ihm ausschließlich geistig erfahren. Das gilt selbst dann, wenn diese vordergründig keiner beständigen bewußten Kontrolle unterliegen. Jedoch erhalten sie sofort die ganze menschliche Aufmerksamkeit, sobald es zu Störungen ihrer Abläufe kommt. Solange zum Beispiel seine Atmung ohne Einschränkung funktioniert, schenkt der Mensch ihr keine besondere Beachtung. Er ist aber in Bereitschaft, um in bestimmten ungewöhnlichen Situationen seine ganze Konzentration darauf zu richten.

Kurzum, die geistige Bewegung zwischen dem Menschen und seiner Welt fußt auf nichts anderem als auf dem Ergebnis dieser Bewegung, nämlich des Gegensatzes vom Menschen und seiner Welt. Sie ist demnach bodenlos.

Die Bodenlosigkeit der geistigen Bewegung ist durchaus nichts Alltagsfremdes. Deutlich wird sie insbesondere daran, daß das Geistwesen ausnahmslos in der Dimension der Gegenwart existiert, oder anders formuliert, es kann sich auf nichts anderes stützen, als auf die augenblickliche Gegebenheit. Von ihr aus sind für ihn die Vergangenheit wie die Zukunft von nicht einsehbarer Ausdehnung. Letzteres wird für den Menschen offenkundig, wenn er sich bewußt macht, daß er weder einen festen Anhalt über die Entstehung seiner geistigen Anschauung hat, noch eine klare Zielvorstellung, wo seine geistige Aktivität hinführen wird.

Betrachtet der Mensch sein Leben, so hat er zwar allgemeine Kenntnisse über die Erzeugung des biologischen Lebens und der Herausbildung der geistigen Aktivitäten, aber das konkrete Ereignis der eigenen Geburt kennt er genauso wenig wie sein Bewußtwerden, das eigentliche Zur-Welt-Kommen. Als Erwachsener ist ihm bewußt, daß sein Körper und seine geistige Tätigkeit in den ersten Lebensperioden Wachstumsprozesse durchliefen, jedoch der jeweilige persönliche Beginn ist von ihm nicht eindeutig fixierbar.

Genaugenommen müßte dem Menschen das Zur-Welt-Kommen wie das langsame Herauslösen aus einem Nichts erscheinen. Das tut es deswegen nicht, weil er keine individuelle Erinnerung an eine vorherige geistfreie Zeit haben kann. Der Rückblick auf eine persönliche Vergangenheit umfaßt immer nur die Ereignisse bzw. Zeiträume, die er schon damals geistig erfahren hat. Ansonsten sind es entweder Übernahmen von Erinnerungsbildern Angehöriger, zum Beispiel der Familie, oder es berührt Ereignisse, die mit Hilfe wissenschaftlicher Anschauungen geformt werden können, wie beispielsweise Kinderkrankheiten und ähnliches.

Nichtsdestoweniger stellt sich die Frage der eigenen Entstehung schon dem zwei- oder dreijährigen Kind. Aber dieses begnügt sich nicht selten mit allgemeinen Antworten, deren Inhalt von untergeordneter Rolle ist. Die Antworten können metaphysisch sein: das Kind ist ein Geschenk Gottes, oder pragmatisch: es stammt aus dem Leib der Mutter. Das Kind selbst will mit seiner Frage eigentlich nur die Bestätigung haben, daß es einen Anfang gibt. Später braucht es dann schon konkretere Angaben über den persönlichen Ursprung. Je mehr dann das geistige Niveau des herangereiften Menschen steigt, desto konsequenter widmet er sich dem Fragekomplex der konkreten Existenzgrundlage, der heute oft mit der Sinnfrage in Zusammenhang gebracht wird.

Es ist übrigens keine Selbstverständlichkeit, Anfang und Ende des individuellen Da-Seins mit dem Lebenssinn zu verknüpfen. Die frühe Menschheit erfuhr den Sinn der Existenz vielmehr in der Gegenwart, bei der freilich das vorgelaufene Geschehen und das mögliche nachfolgende gleichermaßen zum Ausdruck kommen. In der Frühgeschichte hat der Mensch den Sinn demnach erlebt, er wirkte so auf ihn. Während die heutige Menschheit einzig auf der Suche nach dem Sinn zu sein scheint, ohne an das Ziel zu gelangen. Vielmehr könnte sich die Schlußfolgerung ergeben, daß mittlerweile die Sinnsuche der eigentliche Lebenssinn ist. Denn das Hauptmotiv der Sinnsuche, das beständige Gefühl des persönlichen Unfriedens, ein nicht genau zu definierendes Unbehagen, woraus die aktuelle Rastlosigkeit resultiert, erzeugt eine ungeheure Schöpferkraft, die die Zivilisation kennzeichnet, auf der sie ruht.

Wenn also der Mensch den Blick auf seinen Lebensanfang richtet, erinnert er sich einer mehr oder weniger stetigen Entwicklung, ohne ein wirkliches Beginnen, insbesondere seines Denkens, festmachen zu können.

Letzteres gilt ebenso für das Ende des Lebens. Ereilt den Menschen der Tod im hohen Alter, wird dieser in der Regel durch mehr oder weniger starke Einschränkungen der geistigen Fähigkeiten eingeleitet. Der Sterbende umnachtet, versinkt in jenes Nichts, aus dem heraus er schon ins Da-Sein hineingewachsen zu sein schien. Nicht nur aus diesem Grund ist das persönliche Lebensende ebenso wenig genau zu bestimmen, wie der Anfang der individuellen Existenz.

Erscheinen nun aber der persönliche Ursprung und das künftige individuelle Ende nebulös, führt das dazu, daß auch die Dimension der Gegenwart für den Einzelmenschen eine eben solche Verschwommenheit erfährt, weil die geistige Betrachtung der Gegenwart nur im Wechselverhältnis zwischen ihr und ihrer geistigen Vergangenheit wie ihrer geistigen Zukunft entsteht.

Gerade beim Gewahren des Ineinanderwirkens der Zeitdimensionen wird deutlich, daß das Geistwesen die aktuelle gegenwärtige Existenz nicht verlassen kann. Wie auch immer es sein individuelles Dasein ausrichtet, ob vielleicht vornehmlich in dem Versuch, die einmal erlebte Zeit zu bewahren, oder ob es mit seinem Tun weitgehend zukünftigen Erwartungen gerecht werden will, das Handeln bleibt in jedem Fall ein gegenwärtiges. Der Mensch ist an den jeweils gerade erlebten Augenblick gebunden.

Dieser wird, wie gesagt, durch die aktuell erinnerte Vergangenheit und die mehr oder weniger genaue Vorstellung der Zukunft bestimmt. Die Gegenwart ändert sich allerdings von Augenblick zu Augenblick. Und da die Vergangenheit und die Zukunft ausschließlich aus der jeweiligen Jetztzeit heraus betrachtet werden können, wandelt sich demgemäß mit jedem neuen Moment zum einen das Vergangenheitsbild, und zum anderen erhält der Möglichkeitsspielraum der Zukunft eine für den Menschen nicht zur Ruhe kommende Veränderlichkeit.

Das heißt, alle drei fortwährend geistig hergestellten Zeitformen sind in einer sich laufend gegenseitig beeinflussenden Bewegung. Diese Bewegung ist durch die unaufhörliche Ablösung des vorherrschenden Augenblicks durch den ihm folgenden begründet.

Der Gedanke der stetigen Wandlungen der Zeitdimensionen ist für den heutigen Menschen deswegen so schwer nachzuvollziehen, weil sein Hauptbestreben die Fest-stellung und damit besitzergreifende Behandelbarkeit des Lebens ist. Er überführt beispielsweise aus der Vergangenheit nur wenige Erinnerungen von vormals Erlebtem in die Gegenwart, um sie als Haltepunkte zu benutzen. Im Verhältnis zur Fülle des gelebten Lebens ist der bewußt erinnerte Erfahrungsschatz, und wenn er noch so reich erscheint, verschwindend klein. Es sind herausragende Ereignisse, die der Mensch unmittelbar oder im Nachhinein als bedeutungsschwer ansieht, und die eben auch seiner momentanen Interessenlage entsprechen müssen. An diesen erinnerten Ereignissen hält er fest, und deshalb erwecken sie für ihn den Eindruck, als wären sie unveränderlich. Und tatsächlich unterliegen sie auch für den geistigen Blick einer langsameren Wandlung, weil der Mensch versucht, ihren Veränderlichkeiten entgegen zu wirken. Das tut er, um Orientierungspunkte in der persönlichen Welt, im individuellen Leben zu erhalten.

Ein solcher Prozeß hat durch eine jahrtausendelange Einübung und Entwicklung einen derartigen Automatismus beim Menschen erlangt, daß er ihn mühelos vollzieht. Er ist so selbstverständlich geworden, daß die daraus erwachsenen festen Punkte manchmal als das Ausschlaggebende des persönlichen Lebens angesehen werden. Jene psychologischen Schulen, die die Voraussetzungen für gegenwärtiges Verhalten primär in erinnerten vergangenen Geschehnissen suchen, sind ein radikaler Ausdruck einer solchen Überzeugung.

Wenn der Mensch jedoch bei seiner Vergangenheitsorientierung nicht ausschließlich im Hier und Jetzt leben würde, wäre zum Beispiel eine psychologische, also die Logik der Seele, das heißt sein Bewußt-Sein, betreffende, Heilung unmöglich. Sie ist letztlich nur zu erzielen, wenn sich das Verhältnis des seelisch bzw. geistig Kranken zu seiner konkreten, alle Zeitdimensionen umfassenden Lebenswelt ändert.

Wenn der Psychoanalytiker dem Patienten beispielsweise ein ins Unbewußte abgedrängtes Vergangenheitstrauma bewußt machen will, weil es bei ihm trotz oder gerade wegen der Verdrängung zu Konflikten zwischen dem traumatisch Erlebten und seiner aktuellen Lebenssituation kommt, dann muß es das eigentliche Ziel der Bewußtwerdung sein, daß der Patient lernt, im Heute auf das von ihm als schrecklich empfundene einstige Ereignis eine diesem entsprechende Antwort zu geben. Das Vergangene, so entsetzenerregend es sein mag, kann nicht ungeschehen gemacht werden. Aber es existiert als Vergangenheit des Vergangenen, also als in der Gegenwart (unbewußt oder bewußt) erinnertes Vergangenes, und kann so mit jedem Wechsel des Augenblickes ebenfalls eine Wandlung erfahren. Unter einer solchen Voraussetzung besteht die Möglichkeit eines veränderten bzw. erweiterten Blickes auf das ehemals Geschehene, sodaß dieses unter der andersgearteten Perspektive vielleicht leichter zu ertragen ist, eventuell sogar seine Akzeptanz im persönlichen Leben gelingt.

Die wenigen Beispiele unterstreichen, daß die Bodenlosigkeit der menschlichen Weltbetrachtung aus dem Umstand resultiert, daß das geistige Wesen nie außergeistig sein kann. Auch eine geschaffene Distanz zum eigenen Denken ist nur wieder ein geistiges Tun. Und eine solche Feststellung ist wiederum einzig mit Hilfe der geistigen Bewegung möglich.

Der Abstand zwischen dem geistigen Einzelwesen und seiner Welt wird heute noch, vor allem jedoch in den geistesgeschichtlichen Hinterlassenschaften, die seelische Dimension genannt und viele Bewegungen zwischen den beiden Gegensätzen demzufolge als seelische Ereignisse erfahren.

Seele und Geist sind also Begriffe, die im geistigen Tun entstehen und außerhalb dieser Sphäre keine menschliche Wirklichkeit haben. Auch das Erleben von etwas Außermenschlichem ist eine gestaltete geistige Interpretation, eine menschliche Phantasie.

Kurzum, des Menschen Welt entsteht nur durch seinen gedanklichen Austausch mit all den Erscheinungen, die ihm geistig, das heißt sprachlich zugänglich sind. Und je größer dieser Erfahrungsreichtum des Menschen ist, umso komplexer und vielschichtiger präsentiert sich ihm seine Welt. Mensch und menschliche Welt existieren nur gleichzeitig als ein Ergebnis geistiger Wirksamkeiten. Das bedeutet, das geistige Phänomen existiert nur als Ereignis.

Das geistige Sein ist also in dem Sinne bodenlos, daß es sich einzig und allein auf die Existenz eines geistigen Wesens zu stützen vermag und das geistige Wesen wiederum seine Existenz nur geistig erfahren kann.

Die sich gegenseitig bedingende Wechselwirkung von Mensch und menschlicher Welt darf freilich nicht dahingehend mißverstanden werden, daß die einzelne Persönlichkeit nur in einer ausschließlich individuellen Welt lebt, die sie für sich erzeugt hat. Das Individuum steht vielmehr in Zusammenhang mit Erscheinungen, die den Sektor des Persönlichen außerordentlich übersteigen.

Für den Menschen ist die Welt auch „an sich“ da, das heißt, so wie er als Existierender ist, ist ebenso die Welt eine Existierende. Diese hat demgemäß etwas das Individuelle erweiternde an sich. Sie steht für sich dem Für-sich-Sein des Menschen gegenüber. Jedoch ist diese Welt für den Menschen ungeachtet dessen nur in seinen persönlichen Erfahrungsweisen. Er existiert folglich in einer Welt, die einerseits für ihn „an sich“ ist, die aber andererseits nur durch seine subjektiven Anschauungen und Erlebnisse als „Welt an sich“ erfahrbar wird. So ist jedes Weltbild genaugenommen ein „Für-sich-Sein“ des jeweiligen Welterlebens, das das „an sich“ der Welt anerkennt (und notwendig anerkennen muß, soll überhaupt eine geistige Dimension zwischen dem Menschen und seiner Welt entstehen). Es gibt infolgedessen so viele verschiedene Welten, wie Menschen auf der Erde leben und doch nur eine allgemeine (allen Menschen gemeinsame) Welt.

Die Welt ist also nur aus dem individuellen Blick heraus zu erfahren, selbst wenn das Bemühen jedes Einzelnen vorhanden ist, sie zu objektivieren. Schließlich gelingt eine Objektivierung ausschließlich in der Art, daß die Erscheinungen der Anschauungen auf solche Elemente reduziert werden, bei denen subjektive Wahrnehmungseinflüsse weitgehend eingeschränkt sind. Hierzu gehören unter anderem die meßbaren Bereiche der Wissenschaft. Doch ist die wissenschaftliche Welt nur ein, wenn auch sehr exakter und differenzierter, Ausschnitt der gesamten Weltwirklichkeit.

Betrachten zum Beispiel mehrere Menschen ein Haus, so können sie sich sehr schnell über das äußere Erscheinungsbild einig werden: daß es etwa vier Wände hat, ein Dach, Fenster und einen Balkon. Sie vermögen auch die mathematische Dimension klar zu definieren, da dafür technische Hilfsmittel zur Verfü-gung stehen. Sogar über Farbe und Materialbeschaffenheit können sie eine, wenn gleichwohl eingeschränkte, Einigung erzielen. Trotz allem haben sie dann zusammen lediglich ein recht dürftiges Gedankengerüst von einem solchem Haus, das der Wirklichkeit dieses Gebäudes kaum gerecht wird. Denn müßte jeder einzelne das Haus möglichst genau beschreiben, wie er es jeweils sieht, würden plötzlich viele verschiedene Darstellungen ein und desselben Hauses entstehen. Dabei kann die unterschiedliche Qualität der sprachlichen Artikulation der Berichtenden unberücksichtigt gelassen werden. Auch bei einer Annahme gleich guter Ausdruckskraft würden sich die sprachlich gezeichneten Bilder des Hauses stark voneinander abheben. In den Beschreibungen kommt nämlich neben den wissenschaftlich festgestellten Fakten das subjektive Eindruckserlebnis von dieser Erscheinung hinzu.

Die Formulierungen können von dem Bemühen begleitet worden sein, möglichst realitätsnahe Veranschaulichungen wiederzugeben, jedoch kann die persönliche Note nicht ausgeschlossen werden. Sie ist abhängig von der Sensibilität des Mitteilenden, seinem Phantasiereichtum, seinem Bildungsstand und schließlich von seinem Interesse, das er den einzelnen Details des Phänomens entgegenbringt.

Gerade bei der Wiedergabe von Eindruckserlebnissen ist der Mensch gezwungen, einen wesentlich größeren Bereich der Wirklichkeit auszuschöpfen, als ihn der wissenschaftliche bieten kann.

Der Mensch hält also eine logische Distanz zwischen sich und dem, was er als seine Welt erfährt. Er unterscheidet dabei beispielsweise sich als den Sehenden von dem, was er als Sehender sieht. Dank eines solchen logischen Abstandes, der Bewußt-Sein ist, vermag der Mensch seine menschliche Welt nicht nur wahrzunehmen, sondern zugleich zu beurteilen.

Das Göttliche und der Tod sind nun ebenfalls Erscheinungen, denen der Mensch durch Bewußt-Sein begegnet. Somit sind diese Phänomene Erfahrungen der Weltwirklichkeit des Menschen, das heißt, auch bei diesen Erlebnissen bedingt eine Seite von Bewußt-Sein die jeweils andere, und das wechselseitig. Demgemäß sind Veränderungen der Verhältnisse von Bewußt-Sein, die gegenständlich als Kulturepochen zu erfassen sind, unter anderem auch durch dementsprechende Wandlungen der menschlichen Erlebnisweisen des Göttlichen und des Todes gekennzeichnet.

Die seelische Eröffnung oder die Entstehung von Bewußt-Sein

Zunächst ist die Frage zu beantworten, wie die Menschen Licht in ihre dunkle, undifferenzierte vegetative Existenz bekommen. Wie können die menschlichen Wesen im Strom des Lebensflusses festen, sprich geistigen, Halt erlangen?

Eine Antwort darauf geben die Ursprungsmythen, insbesondere die Mythe der Trennung des Welteltern-paares, die auf allen Kontinenten der Erde zu finden ist (zum Beispiel der griechische Mythos von Kronos, bei dem das Paar Uranos und Gaia getrennt wird, oder die Yoruben-Mythe, bei der Obatala und Odudua das Welternpaar sind).

Das zeugerisch verbundene Welternpaar „ist das lückenlos ineinanderwirkende Geschehen, von dem sich der Mensch ursprünglich als willkürloser Webfaden erlebt." (Gehrts, „Opferung", S.25) In einer solchen Seinsweise ist der Mensch noch ganz Tier, vollständig eingebunden in den Lauf des biologischen Lebens, von dem er nichts weiß.

In diesem Lebenszustand gibt es nichts Gegensätzliches. Himmel und Erde liegen ungetrennt aufeinander, zeugen und nehmen das Leben auf diese Art.

Zwischen dem vergatteten Schöpferpaar besteht kein Zwischenraum für eine freie, willkürliche Lebensbewegung.

Erst der Schuß oder Hieb auf die begatteten Ureltern, wie er in den Trennungsmythen beschrieben wird, führt zu einer Licht-ung, indem die Eltern geschieden werden. Ein schöpferischer (nicht zu erschöpfender) Freiraum entsteht, ein Spannungsraum zwischen polaren Gegensätzen, die sich der Mensch später in Polaritäten wie Himmel und Erde, Mann und Weib oder Tod und Leben veranschaulicht.

Eine solche Tat stellt ebenso eine Be-freiung wie einen Frevel dar. Die Ursprungsmythe ist deshalb gleichzeitig ein Uropfer. Der Opferer, der den Schuß abgibt oder den Hieb führt, greift in das Geschehen ein und „macht den goldenen Überfluß der Welt sichtbar und verfügbar, leitet ihn in die Sphäre des Einzelnen und der Opfergemeinschaft ein." (ebd.) Doch gleichzeitig ist der Gewinn, der dabei erzielt wird, durch einen Tabubruch gewonnen, der gesühnt werden muß. (Wobei es sich dabei um keine mathematische Ausgleichsformel handelt.) Die Frei-heit, die zunächst für einen kleinen Existenzbereich errungen wird, der eine Sicht auf die Lebensfülle ermöglicht, zeigt zugleich die Grenze des Lebensspielraumes und somit den Tod. Der Gewinn wird also wieder zum Verlust. Nur mit diesem Tribut ist der Gewinn überhaupt erst zu erfahren.

Letzteres ist selbst heute noch im Alltag nachzuvollziehen. Zum Beispiel bei der bewußten Entscheidung zur Zeugung von Nachkommen. Die Fortpflanzung gelingt dem geistigen Wesen nur durch eine Vereinigung mit einem anderen geistigen Wesen. Das heißt, die Eigenheit der sich Vereinigenden stirbt, zumindest kurzzeitig. Die Verknüpfung von Begattungsakt und Tod (in diesem Fall der Verlust der Eigentümlichkeit) entspringt der Auffassung, „daß sowohl Koitus als auch der Tod neues Leben entstehen lassen." (ebd., S.28) Auch in Deutschland und Frankreich gab es die Metapher vom „kleinen Tod" für den Beischlaf.

Der Zusammenhang von Begattung, Tod und Frevel erscheint auf den ersten Blick befremdlich. Er bezieht sich keineswegs auf den biologischen Vorgang der vereinigenden Begegnung, sondern auf die beim Menschen hinzukommende geistige Komponente, den Eigen-Sinn. Dieser macht beispielsweise für die Bereitschaft der Begattung die Überwindung der persönlichen Scham erforderlich. Schon das Bedecken der wesentlichen Geschlechtszonen bei den Frühzeitmenschen läßt sichtbar werden, daß auch für sie der Geschlechtsakt keineswegs mehr eine rein triebbedingte Handlung ist, vielmehr ein gewolltes Geschehen, das nur unter ganz bestimmten Voraussetzungen getätigt wird. (Wenn mittlerweile eine solche Schamgrenze zu verschwimmen scheint, so bedeutet das nicht, daß der Eigenwille des Gegenwartsmenschen geschwächt ist, sondern die Gründe liegen hier in der Emanzipation der geistigen Interessen gegenüber dem Leib. Er ist vorwiegend Mittel für geistige Zwecke geworden.) Auch die in rudimentärer Form bis in die Gegenwart hineinreichenden, jedoch in der Frühzeit die ganze Gemeinschaft berücksichtigenden, Heiratsregeln zeigen, daß schon in einer sehr frühen Phase der Menschheitsentwicklung für die geschlechtliche Vereinigung Vorbedingungen geschaffen werden, damit der Mensch den dabei erlittenen Tod des Eigen-Sinnes, den – wenn auch lustvollen – Frevel am bewußten Selbst kanalisieren und damit ertragen kann.

Bei der Ursprungsmythe der Trennung des Welternpaares führt die Scheidung von Himmel und Erde zu einer Erhellung der Welt.

Welche geschichtliche Handlung des Menschen entspricht dieser mythischen Tat? Durch welches grundlegende Ereignis geschah dem Menschen die Aufhellung seiner Existenz?

Sie war nicht einfach da, sondern entsprang einer ganz außergewöhnlichen Handlung, die alles bis dahin im Vegetativen ablaufende Geschehen „auf den Kopf stellte", nämlich die Durchführung der Jagd durch ein für dieses Tun nicht befähigtes Wesen. Der Mensch ist ursprünglich kein Jagdwesen. Er „ist nicht von Natur aus mit einem Instinktapparat begabt, der ihn zum Raubtierverhalten befähigte. [Im Gegenteil,] es ist für ihn künstlich und bedurfte einer gewaltigen Anstrengung der Selbstüberwindung, der Überwindung natürlicher, artgemäßer Ängste und Hemmungen." (Giegerich, „Tötungen", S.29)

Die Frühzeitmenschen unternahmen keine Jagden auf kleinere Tiere, sondern vollzogen die Großwildjagd, bei der sich der Jäger einer Begegnung auf Leben und Tod aussetzte. Kurzum, er riskierte sein Leben, um selbst zu töten. Daß es sich dabei nicht um ein biologisches Geschehen handelt, wird auch daran deutlich, daß dieses Tun letztlich ein Jagdritual wird, „und zwar eines, das sich von den `Ritualen`, wie sie auch bei Tieren vorkommen, dadurch unterscheidet, daß es immer schon gesetztes und einem geistigen Sinn dienendes Ritual ist." (ebd., S.31)

Wenn der Großwildjäger sich absichtlich einer Gefahrensituation aussetzt, um das ihm an physischer Kraft überlegene Tier zu töten, dann erlebt und überwindet er den Schock der Todesdrohung. Geht er aus einem solchen Kampf als Sieger hervor, ergibt sich für ihn ein Lebensgewinn. Zunächst einmal durch die Erfahrung, daß er einer wirklichen Gefährdung standgehalten hat.

In der direkten Begegnung mit dem Großwild erfährt der Jäger unmittelbar seine Furcht vor dem Tode, also seines Lebensverlustes. Aber er trotzt dieser Angst, und in der siegreichen Bewältigung der Jagdszene bemerkt er, daß er dem Tod unter Umständen ausweichen kann, wenn er ihm ein entschiedenes „Nein" entgegensetzt. Ein solcher Widerstand ist zunächst eine radikal verneinende Handlung, nämlich die des eigenen aktiven Tötens, um am Leben zu bleiben.

Damit diese augenblicksgebundene Erfahrung für den Großwildjäger eine dauerhafte geistige Einsicht wird, muß der Sieg von ihm beständig neu erlebt, also wiederholt, werden. Somit verhält sich der frühzeitliche Mensch nicht anders als das Kleinkind beim Spielen, das die erfahrenen, aber nicht bewußt zu begreifenden Ergebnisse seines Spieles so lange wiederholt, bis sie in ihm „eingeschrieben", sprich eine Gewohnheit, sind. Dieser Drang nach Wiederholung mündet in das Ritual.

Der Frühzeitjäger führt also die Situation der Lebensgefahr bei der rituellen Großwildjagd immer wieder herbei, um das Bestehen vor dem Schrecken des Todes erneut zu erleben und somit einen neuerlichen Lebensgewinn zu erlangen.

Worin besteht der Lebensgewinn?

In einer Licht-ung, die der Mensch später als Himmel-Erde-Fernung mythisch beschreibt, und die in Wahrheit die Entstehung von Bewußt-Sein oder, wie es gleichermaßen noch genannt wird, der Seele ist. Sowohl der Begriff Bewußt-Sein als auch der der Seele bezeichnen genaugenommen den Strich von der Schreibweise „Bewußt-Sein", also die wechselseitige Bedingtheit und beiderseitig sich beeinflussende Bewegung zwischen dem Wahrnehmenden und dem Wahrgenommenen.

Mit der tötenden Tat des Großwildjägers, des ersten „Nein" des Menschen gegenüber der dadurch erst entstehenden menschlichen Welt, „hat sich die Seele selbst aus dem Dunkel der bloß-biologischen Existenz herausgeschockt. Sie hat sich inmitten dieses Dunkels und aus ihm heraus erstmals den lichten Seelenraum als eine kleine Insel“ (Giegerich, „Tötungen“, S.33) geschaffen. Das Ergebnis dieser Leistung ist der reflektive Abstand des Menschen „zum abstandlosen Eingebundensein des Animalischen in affektive und \`instinkthafte\` Abläufe.“ (ebd.)

Das Resultat dieses Geschehens ist ein logisches. Deswegen ist für den Großwildjäger das tatsächliche tote Tier nur eine Seite des Ereignisses. Ein weiterer Ertrag des Vorganges ist der, daß der Mensch sich mit dieser Handlung selbst getötet hat, nämlich als bloß-biologisches Wesen. Ein solches war er noch vor dem Jagdgeschehen, vor dem Tötungsakt. Also, mit „dem erschreckenden tödlich treffenden Speerwurf des frühen Jägers ... hat der Mensch nicht wie das Raubtier nur ein beliebiges Anderes und so über das Freßbare an diesem hinaus nicht weiter Interessierende getroffen, sondern er hat auch das Andere seiner selbst und so sich selbst getroffen, sich selbst getötet. Aber in diesem Sich-selbst-Töten hat er sich nicht buchstäblich als Lebewesen vernichtet, sondern er hat sich nur logisch als das bloß-animalische Lebewesen getötet. Er hat sich somit von der bloß-biologischen Weise zu sein verabschiedet.“ (ebd., S.32)

Das Töten ist indes nicht der Punkt, „an dem der empirische oder positive Übergang vom Tier zum

Menschen, vom Biologischen zur Seele geschieht ... Das Übergegangensein muß vielmehr vorausgesetzt werden: das menschliche Töten ... ist schon, wenn es beginnt, menschliches Tun.“ (ebd., S.35) Das bedeutet, daß die Tötung des Tieres und die Eröffnung des lichten Raumes als Bewußt-Sein oder Seele keine Aufeinanderfolge von Ursache und Wirkung ist, sondern ein gleichzeitig ablaufendes und einander bedingendes Ereignis. Einander voraussetzen heißt, der „Akt des Abstoßes von dem Animalischen setzt sich selbst erst das, wovon es sich abstößt, um sich von ihm abstoßen zu können (um etwas zu haben, wovon es sich abstoßen und sich im Abstoß zu sich selbst erbauen kann): das bloß-biologische Animalische, und er setzt es sich nur innerhalb seiner. Die Dumpfheit des Animalischen darf also nicht buchstäblich verstanden werden. Sie hat ihren logischen Ort einzig in der durch den Abstoß von ihr erst erstehenden Seele und kraft der Setzung durch diese.“ (ebd., S.36) Das bloß-biologische Animalische ist also eine „Phantasie, die die Seele sich zu ihrer Selbstgenerierung machen muß, um sich innerhalb ihrer von ihr zu sich selbst abstoßen zu können und so als die psychologische Differenz … zu sein.“ (ebd.)

Kurzum, die Licht-ung ist ein logisches Ereignis, das geistige Helle ins Dunkel der bloß-vegetativen Existenz des Menschen bringt. Doch nur innerhalb von Bewußt-Sein oder von Seele ist die Weitung zwischen bloß-biologischem Sein und dem Erkennen des bloß-biologischen Seins möglich.

In diesem Sinne ist die oben gemachte Behauptung von der Todeserfahrung des Jägers bei der Großwildjagd zu konkretisieren. Auch bei ihr ist das, was dabei Tod genannt wird, eine logische Erfahrung, eine menschliche Phantasie, die mit dem Erleben der Lebensbedrohung und der auf diese antwortenden tötenden Tat entsteht. Der Tod ist in diesem Moment der Gegensatz des Überlebens des Jägers. Diese Vorstellung vom Tod sagt nichts über ein biologisches Sterben aus (das genaugenommen ebenso ein menschlicher Begriff ist), sondern ist eine sprachliche Antwort auf die mit der Lebensbedrohung und der tötenden Handlung entstehende existentielle Frage.

Phantasie in der hier gemeinten Bedeutung darf indes nicht mit dem heute umgangssprachlich verwendeten Wort „Phantasie" verwechselt werden. Denn dann wäre sie ein weitgehend beliebiges Spiel, das keine notwendige Verknüpfung zur Wirklichkeit kennt, sondern sich vielmehr als völlig freischaffend wähnt.

Daß sich Phantasien hingegen nur in Begrenzungen entwickeln können, heißt nicht, daß sie diese nicht zu überschreiten vermögen. Jedoch sind sie dazu nur durch die Anerkennung und Beachtung der jeweils herrschenden Grenzen imstande. Geschieht das nicht, verschwinden nämlich die Grenzen und wären nicht durch Übertretung zu vergrößern.

Der moderne Mensch möchte gern grenzenlos leben. Dadurch werden die trotzdem vorhandenen Lebensbeschränkungen unterbelichtet und können in dieser Weise nicht schöpferisch erweitert werden. Im Gegenteil, die heute nicht wahr-genommenen Begrenzungen im menschlichen Da-Sein lassen den Menschen ihnen gegenüber unfrei werden. Die Ohnmacht der menschlichen Gesellschaft gegenüber ihren soziologischen Problemen (Wertauffassung der Arbeit, Generationsprobleme, Weltbevölkerungswachstum usw.) zeigt das beispielsweise deutlich.

Die vom Bewußt-Sein erzeugte Phantasie ist von der Weltwirklichkeit nicht zu trennen. Im Gegenteil, dieses Tun erzeugt ja erst das Weltverhältnis. Die Welt ist ein Ergebnis der Auseinandersetzung des Menschen mit ihr. Der Mensch wiederum ist ein Ergebnis der Auseinandersetzung der Welt mit ihm; oder anders ausgedrückt, der Mensch als Mensch erhält sein Bestehen und somit seine Anerkennung einzig durch seine Welt.

In der kindlichen Welt ist Phantasie noch nicht vom Da-Sein getrennt. Und selbst wenn Kinder zu unterscheiden lernen zwischen ihrer phantasiereichen Erfahrung der Welt und der Begegnung der realen Welt der Erwachsenen, verschmelzen für sie beide Erlebnisarten widerspruchslos miteinander.

Wenn also alle menschlichen Erfahrungen und ihr Begreifen auf der Basis der logischen Erzeugung des Abstandes zwischen dem Menschen und seiner Welt entstehen, dessen Wechselverhältnis Bewußt-Sein ist, dann sind auch Erscheinungen des Göttlichen und des

Todes menschliche Phantasien.

Diese beiden Phänomene heben sich gegen alle anderen in der Weise ab, daß sie Grenzerfahrungen darstellen. Sie scheinen außerhalb der Licht-ung zu liegen und nur im negativen, sprich weltabwesenden Sinne in die Welt hereinzuragen. Demzufolge besitzen das Göttliche und der Tod eine eigentlich unbeschreibliche Dimension, eine den Menschen überwältigende Mächtigkeit.

Wenn nun sowohl das Göttliche als auch der Tod eine ähnliche Lokalisierung im vermeintlich Da-Seins-Fernen haben, unterscheiden ungeachtet dessen schon die Frühzeitmenschen beide Phänomene grundlegend.

Der Großwildjäger hat zum Beispiel das Tier, dem er den Todesstoß versetzt, vergöttlicht. Es ist also mehr als nur totes Tier. Warum erlangt das Tier einen göttlichen Status? Die Großwildjagd ist, wie bereits erwähnt, keine Handlung, die einer biologischen Notwendigkeit entspringt. Der ursprüngliche Mensch ist vielmehr Sammler von Nahrung, was den Fleischverzehr nicht ausschließt. Nur beschränkt sich dieser auf das Essen von Aas und Kleintieren.

Es ist demnach nicht die Fleischbeschaffung der Grund, warum die Großwildjagd durchgeführt wird. Im Gegenteil, es besteht keine biologische Notwendigkeit einer herbeigeführten Begegnung mit gefährlichen, den Menschen an physischer Stärke weit überlegenen Tieren. Das bedeutet aber, der Frühzeitmensch will die Begegnung mit diesen Tieren. Dabei sieht er sich von dem furchtbaren Tier angeblickt, und erkennt sich so plötzlich als „Objekt“ des Tieres, das angefallen, getötet und gefressen werden kann. Diese Erkenntnis des „Objekt-Seins“ für das Tier ist jedoch eine Erfahrung des Menschen, also eigentlich eine Beziehung des Menschen auf sich selbst, wie sie für ihn durch die Einsicht einer Lebensbedrohung deutlich wird. Somit wandelt sich das Bemerken des „Objekt-Seins“ für andere in die Selbsterfahrung, nämlich substantielles Subjekt zu sein. Dieses Subjekt sieht nun seinerseits im Tier ein „Objekt“, das er töten kann. Nur unter einer solchen Voraussetzung ist es ja dem Menschen überhaupt erst möglich, das Tier als Antwort auf seine Lebensgefährdung zu töten, oder gar seinen Tod rituell vorzubereiten.

Das heißt, wie „man einen Spiegel draußen außer einem braucht, um sich selbst sehen zu können oder wie man die Satellitenaufnahmen braucht, um den Planet Erde sehen zu können, so konnte der frühe Mensch sich nur über den auf ihn fallenden und ihm in die Glieder fahrenden Blick des Tieres als Mensch erkennen, und nur in dem Augenblick, wo er (ganz gleich ob empirisch-praktisch oder z.B. in der inneren Schau) sich ihm … im Ernst, in der Begegnung auf Leben und Tod stellte. Die Erfahrung des in ihn hereinblickenden Blicks des Tieres war das ursprüngliche Bewußtsein des Menschen. Der Mensch hatte sein Bewußtsein nicht in sich und nicht als sein Eigen. Sein Bewußtsein kam von außen als der fremde Blick auf ihn zu, wie noch immer jedes neue Bewußtsein einem von außen zustößt. Bewußtsein ist das Sehen des Gesehenwerdens, das Erblicken des Angeblicktwerdens." (Giegerich, „Tötungen", S 52)

Diese Auseinander-setzung oder Begegnung ist jedoch ausschließlich eine logische Wirklichkeit. Das Außen, das Außerhalb des Menschen, ist nur für den Menschen als Bewußt-Sein, wo es zum Beispiel im Gegensatz zum Inneren des Subjektes entsteht. Das gilt auch dann, wenn eine ungünstig verlaufende Jagdhandlung tatsächlich zum Tod des Jägers führt. In dem Fall stirbt das geistige Wesen, das Mensch-Sein dieses Jägers existiert dann nicht mehr. Mit dem Tod hört der gestorbene Mensch „für sich" auf, Mensch zu sein. Er ist aber in dem Moment seines Ablebens nicht in der Weise vom Tod getroffen, wie er ihn als Lebender, zum Beispiel in der lebensbedrohlichen Jagdszenerie, erfährt (und somit versteht), sondern die Licht-ung, die geistiges Leben bedeutet, hat sich für ihn geschlossen. Es gibt für ihn mit dem Sterben weder lichtes Sein noch den Tod.

Wenn demnach das wahrgenommene Angeblicktwerden durch das Tier ausnahmslos im logischen Erleben geschieht, dann ist das Gegenüber des Jägers in einer solchen Situation nicht allein ein fremdes Tier, sondern er sieht sich im Anderen erst als Jäger. In der Jagdsituation erfährt der Jäger durch das Tier eine Selbstbespiegelung, er erblickt im Tier sich selbst und das logisch Andere seiner selbst. Das bedeutet, im „gejagten oder geopferten Tier erkennt sich der Mensch selbst. Über das Töten des Tieres (oder eines anderen Menschen im Fall des Menschenopfers) gewann der Mensch seine erste Selbsterkenntnis, sein erstes Gewahren seiner selbst, wobei sich die Selbsterkenntnis dann später in seinen Götterbildern und Göttergeschichten formuliert." (ebd., S.32)

Weil die Frühzeitmenschen im Anblick der Tiere bei der Jagd sich selbst und zugleich das logisch Andere ihrer selbst erfahren, empfinden sie zu den Tieren eine Verwandtschaft und bezeichnen sie deswegen als „Väter", „Brüder" oder allgemeiner als „göttlich".

Wohl aus diesem Grund sind zum Beispiel in vielen Märchen die Tiere nicht nur der menschlichen Sprache mächtig, sondern können zudem tatkräftige Helfer sein. Sie verkörpern dabei zweierlei: Einerseits das menschliche Sein als Spiegelung des logischen Tieres Mensch und andererseits die vitale Tierkraft, die der Mensch nicht besitzt, die er als ihm fremde erfährt.

Wenn der Frühzeitmensch das Tier bei der Großwildjagd tötet, weiht er es mit seiner Handlung der dem Tier entsprechenden Tiergottheit. Daraus wird ersichtlich, daß mit dem tatsächlichen Töten durch ein mit seinen natürlichen Voraussetzungen dazu nicht befähigtes Wesen sich der geistige Status herausbildet. (Dies ist nicht als eine wissenschaftliche Gesetzmäßigkeit zu verstehen, sondern als ein geschichtliches Ereignis des Menschen.) Die Vergöttlichung des getöteten Tieres bedeutet nämlich, daß der Jäger einen logischen Abstand zu sich selbst gewonnen hat, genauer zu seinem eigenen tierischen Anteil. Die erste Gegenüberstellung innerhalb der Licht-ung ist also die zwischen dem geistigen Wesen und deren, in seiner geistigen Sphäre später so verstandenen, natürlichen (naturgegebenen, biologischen) Grundlage.

Gleichzeitig sind Tiergottheiten für den Frühzeitmenschen Phänomene, die über sein menschliches Da-Sein hinausreichen, die jenseitig sind.

Das Göttliche und der Tod bezeichnen also für den Menschen in einer Weise dasselbe: Sie sind das Jenseits von seinem Diesseits – nur daß der Tod im Gegensatz zum Göttlichen als Jenseits nichts Menschliches beinhaltet. Das bedeutet, der Tod ist die radikale Negation (Verneinung) des lichten Lebens. Die Erfahrung des Göttlichen hingegen bezeugt den menschlichen Anteil im Jenseitigen.

Die nun folgenden Untersuchungen, die aus den bisher erlangten Kenntnissen heraus Blicke in die Geschichte des Menschen werfen, sollen unter anderem diese Unterscheidung zwischen dem Göttlichen und dem Tod beleuchten.

Dabei werden sich unterschiedliche Verhältnisse zwischen dem Menschen und dem Göttlichen sowie dem Tod herauskristallisieren, die als Kulturepochen voneinander abgegrenzt werden können. Der Wandel dieser Verhältnisse führt immer zu einer neuen Kulturform, wobei sich die Veränderung in Wirklichkeit immer allmählich, uneinheitlich und in langen menschheitsgeschichtlichen Zeiträumen vollzieht.

In den kulturellen Überlieferungen sind für solche Umgestaltungen meist nur indirekte Hinweise zu finden. Denn sollte der Mensch in einer bestimmten geschichtlichen Situation seine überkommene Beziehung zum Göttlichen und zum Tod begreifen, befindet er sich schon in einer neuen, andersgearteten Kultur, obwohl er zunächst davon überzeugt ist, lediglich in der ihm vertrauten Kultur geistige Fortschritte zu machen.

Die unterschiedlichen Kulturausprägungen in der menschlichen Geschichte, in denen zum Beispiel die jeweilige spezifische Wechselbeziehung zwischen dem Menschen und den von ihm erfahrenen Erscheinungen des Göttlichen und des Todes zutage tritt, können auch als „Stufen der Lebensformen" (Gehrts, „Weltenbaum", S.41) bezeichnet werden.

Der Mensch durchlief danach bisher eine Entwicklung von der schamanischen über die rituelle zur religiösen Kultur, und lebt heute in der technokratischen Zivilisation. „Entwicklung heißt nun nicht, daß ihre Stufen gegeneinander abgedichtet sind. Vielmehr lebt jede ältere Form auch in der jüngeren weiter, verdünnt, verdeckt, substanzverleihend, bald förderlich, bald rückschrittlich. Andererseits leben zu jeder jüngeren schon Ansätze in der früheren, keimhaft treibend, verwandelnd, bald zurückgedrängt, bald fruchtbringend eingegliedert. Ein solcher Zusammenhang im Werdenden, von Vorlauf und Folge, von Ausbildung und Rückfall, heißt ja eigentlich Entfaltung, Entwicklung." (ebd., S.42)

Weil die Vorstellungen vom Göttlichen und vom Tod abhängig sind von der geistigen Gegebenheit des Menschen, ist das Heranziehen textgewaltiger Dokumente für die kommenden Betrachtungen vermeidbar. Es wird zudem umgangen, weil erstens die Zahl von Kulturschriften ins Unermeßliche geht, die selbst für einen Experten fast unüberschaubar ist. Und zweitens unterliegt das Verständnis dieser Texte ebenso den Veränderungen der geistigen Perspektiven der Menschen auf sie. Sie liegen zwar auf- bzw. festgeschrieben vor uns, die Auffassung von ihrem Inhalt wandelt sich trotzdem beständig.

Die folgenden Untersuchungen versprechen reichhaltigeren Ertrag, wenn es dabei gelingt, die für die Kulturepoche entsprechende Bewegung von Bewußt-Sein zu begreifen.

Die schamanische Kulturstufe

„Die schamanische Daseinsform ist in ihrem Ursprung nicht durch vermittelnde Gestaltungsantriebe des Menschen bedingt, sondern sie entfaltet sich gerade aus dem wesentlich passiven Anheimfall des Menschen an die Mächte. In der typischen Ausbildung eines Schamanen ergreift – bis zum heutigen Tage hin – nicht der Mensch die Initiative, sondern der Mensch findet sich als der Ergriffene, der von dem was ihn ergreift, gewandelt und gebildet und zum eigenen Bilden und Gestalten angeregt wird." (Gehrts, „Weltenbaum", S.42)

Dies scheint mit der absichtlich herbeigeführten Jagd der Frühzeitmenschen im Widerspruch zu stehen. Doch dieser ist aufzulösen, denn einerseits sind wohl ursprünglich die ersten erfahrenen Situationen der Lebensbedrohung durch das Großwild vom Menschen nicht beabsichtigt gewesen, und andererseits begibt sich beim dann folgenden willentlichen Heraufbeschwören der Jagdsituation der Jäger in sein Schicksal und empfängt dieses in passiver, nämlich in hingebender bzw. hinnehmender Weise. Die Großwildjagd ist nicht mit einer Jagd im heutigen Sinne zu vergleichen, bei der der Mensch aus einem sicheren Abstand mit weit treffenden Waffen das Wild erlegt. Der Großwildjäger setzt sich vielmehr einem Schicksalsspiel aus, bei dem er sowohl Verlierer als auch Sieger sein kann.

In dieser ersten Konstellation von Bewußt-Sein, also des Großwildjägers zu sich selbst und dem Anderen seiner selbst, werden zwar durch die Tötung des Tieres oder den Opferhieb, aber auch durch Kriege, Blutrache und Totschlag Wunden in das Leben geschlagen, die eben den lichten Raum schaffen, aber trotzdem fühlt sich der Frühzeitmensch noch eins mit seiner Welt. „Die Störung bleibt bloß ... inhaltliche Störung des Jeweiligen, sie wird ... nicht zur Störung der ‚Welt' in ihrem Begriff oder der ‚Weltordnung'..., d.h. des erlebten, das ganze Sein des Menschen tragenden Sinnzusammenhangs. Die menschliche Reaktion auf Unglück ist daher einfache Trauer, einfacher Schmerz, nicht Kränkung, Verdruß, Empörung." (Giegerich, „Animus-Psychologie", S.177)

Das bedeutet, der Mensch und seine Welt bleiben ein Ganzes. Und das entspricht der schamanischen Lebensauffassung. In ihr gibt es keinen Bruch, keine bleibende Spaltung in verschiedene „Lebenswelten". In der schamanischen Kultur ist, wie im Märchen, nur ein alles umfassendes Leben, das menschliches Jenseits und menschliches Diesseits gleichermaßen ist, sodaß Wesen dieser verschiedenen Zeit- und Raumdimensionen ohne erfahrenen Widerspruch miteinander verkehren können. Der Gegensatz rührt vom inhaltlichen Erleben her, er kennzeichnet jedoch keine prinzipielle Trennung. Wegen dieses Umstandes sind Jenseitserlebnisse des Schamanen ganz selbstverständlich für das diesseitige Leben der Sippe wirkungsvoll und hilfreich.

Wie äußert sich eine solche Auffassungs- und Lebensweise in den Raum- und Zeitvorstellungen der Menschen?

Der schamanische Urraum ist eine „unermeßliche, allseits bis in alle Höhen und Tiefen offene, immer gegenwärtige Welt ... Ohne die Spur an sich von einer Herkunft findet sich der Mensch in ihm in seiner eigenen Mitte ... Der Urraum, in dem dieser Mensch sich findet, ist keine plane Punkte-Unermeßlichkeit; die Offenheit dieses Alls entspricht nicht der heutigen mittelosen Leere, in der der Mensch sich verliert. Sondern es hat Gestalt, es schaut auf eine Mitte, auf die Mitte, auf der der Mensch fußt ... Der Mensch ist, trotz Unendlichkeit und Offenheit, daheim, beheimatet in der Mittleren Welt ...“ (Gehrts „Weltenbaum“, S.43f.)

Diesem Verständnis für den Raum entspricht das schamanische Zeiterleben, das als rhythmische Erneuerung des ewigen Augenblicks bezeichnet werden kann. Das heißt, in jedem Augenblick ist „die Welt verlustlos und bedürfnislos erneuert. Rhythmisch erneuert hieße, daß dies nicht in winzigen Zeittakten geschähe, sondern in der Einheit einer lebendigen

Schwingung. Beispielhaft für eine solche Schwingung ist der Rhythmus der auf den Strand rollenden Meereswogen, der uns in ein Gefühl der Zeitlosigkeit, wie wir es nennen, zu entrücken vermag.

Wenn auch zu diesem ewigen Augenblick ein Fluß der Zeit gehört, dann verläuft er nicht eben dahin, sondern in die Höhe hinauf ...

Ein solches Zeiterleben entspricht dem urtümlichen Daseinsgefühl, das sich auch in dem Satz und Wort ich bin ausdrückt. Damit nenne ich mich nicht als dies oder das, nicht als den oder jenen, hier oder dort, sondern schlicht als den sich auslebenden Lebenskern." (Gehrts „Märchen", S.15)

Die schamanische Welt stellt raumzeitlich also eine immer gegenwärtige ewige Unendlichkeit dar. In dieser Weise hat die logische Licht-ung noch keine allzu große Weite. Demzufolge werden das Göttliche und der Tod vom Menschen unmittelbar erfahren – insbesondere durch den Schamanen.

Da dieser nicht als Privatperson im heute verstandenen Sinne handelt, sondern seine visionären Erlebnisse für die Gemeinschaft erfährt, ist der Schamane für die Menschengemeinschaft die Mitte der Welt, oder anders ausgedrückt, die Bezugsperson, die dem Ewigen und Unendlichen, also der unbegrenzten (unbestimmbaren) Lebensdimension eine Gestalt der Mitte gibt.

Die schamanische Séance ist deswegen ein „Gemeinschaftserleben; niemand ist ausgeschlossen, es gibt keine Vorzugsberechtigung. In dem großen Welttheater, als das sich die Séance darstellt, ist jeder Teilnehmer. An den Worten des Schamanen, in denen dieser seine Erlebnisse gleichzeitig verkündet, entzündet sich die Schau jedes einzelnen, für jeden öffnet sich die mittlere Welt in alle Weiten hinein.“ (Gehrts „Weltenbaum“, S.44f.)

Die Mitte wird jedoch nicht nur vom Schamanen repräsentiert, sondern auch gegenständlich durch den Weltenbaum: „In ihm drückt sich die Gegenwärtigkeit, die Gleichzeitigkeit in allen Teilen aus und die Bezogenheit von allem auf eine Mitte.“ (ebd., S.44) Auf ihm gelangt in der Trance der Schamane in den Himmel oder ins unterirdische Reich. Die lichte Mitte in der schamanischen Kultur ist also allumfassend umschlossen.

Durch eine solche Nähe der dem Da-Sein fernen Bereich versteht sich der schamanische Mensch als Teil des allumfassenden Lebens. Es ist ihm nicht etwas grundlegend Fremdes, woraus sich das Geborgenheitsgefühl begründet. Der Mensch der schamanischen Kultur fühlt sich selbst als Element der ewigen und unendlichen Unermeßlichkeit. Deswegen sind für ihn sowohl der Tod als auch das Göttliche verwandte Erscheinungen.

In der vegetativen mit sich selbst einigen Existenz hat sich der Mensch zunächst nur einen kleinen Freiraum geschaffen. Seine räumliche Dimension entspricht der Weite des Speerwurfes des Großwildjägers. Er trifft mit einem solchen Wurf jedoch auch das, was er als seinen Ausgangspunkt versteht: das bloß-biologische Tier. Das heißt, mit dem räumlichen Wurf eröffnet sich zugleich die geistige Zeitdimension zwischen dem Gegenwärtigen und dessen einstmaliger Existenzweise. Letzteres ist kein historisch verstandenes Vorleben, sondern die notwendige Annahme des logischen Tieres, um sich als solches vor-zu-stellen.

Eine Ahnung von dem selbstverständlichen Zusammenhang der verschiedenen Lebensdimensionen, wie sie sich in der schamanischen Kultur zeigen, vermitteln, wie bereits erwähnt, die überlieferten Märchen. Die wunderbaren Geschehnisse in ihnen lösen zum Beispiel beim Märchenhelden keinerlei Verwunderung aus. Das Zusammentreffen mit sprechenden Tieren wird von ihm genauso unbeeindruckt hingenommen wie Begegnungen mit anderen jenseitigen Wesen. Der Märchenheld bildet lediglich die Mitte des Geschehens, in der Jenseits- und Diesseitsereignisse auf ihn zukommen können, ohne daß er sich ihnen gegenüber in unterschiedlicher Weise verhalten würde.

Wobei diese Mitte nicht mit dem Mittelpunkt zu verwechseln ist, mit dem sich die als „Ich" verstehende Persönlichkeit in der religiösen Kulturepoche und in der technokratischen Zivilisation in ihren jeweiligen Welten zentralisieren wird. Die schamanische Sippe ist eine Mitte, weil ihre Welt auf sie als auf eine Mitte einwirkt. Der Mensch der religiösen Kultur und der darauffolgenden technischen Zivilisation ist hingegen eine einzelne Welterscheinung, die von unzählig vielen anderen einzelnen Welterscheinungen umstellt ist. Wobei letztere ihr Da-Sein einzig durch den Bezug zum sie wahrnehmenden „Ich“, dem demgemäßen Mittelpunkt der Welt, begründen können. Das heißt, die religiöse und später die zivilisierte Welt bestätigt die zentrale Rolle des Menschen. Dieses spezielle Weltverhältnis wird in den späteren Kapiteln näher beleuchtet.

Eine weitere Entsprechung zwischen Märchengeschehen und schamanischer Lebensweise ist darin zu sehen, daß nicht jeder in der Lage ist, ins Jenseits zu gelangen.

Im Märchen ist es nicht selten der Jüngste von drei Brüdern, der die Fähigkeit besitzt, bis ans Ende der Welt zu laufen. Das ist der für das Märchen typische, stark raumbezogene Ausdruck für das Jenseits und macht noch einmal deutlich, daß das Jenseits nicht abseits des alles umfassenden Lebens liegt, sondern in diesem, und nur dort außerhalb des menschlichen Diesseits.

Dem Märchenhelden wird der Zutritt in die jenseitige Welt ermöglicht durch eine Begegnung mit einem Wesen aus dieser Welt. Dabei erhält er häufig ein Kleinod, das ihm bei der Jenseitsreise hilft, sie für das diesseitige Leben gewinnbringend zu bestehen.

Daß es in den Märchen meist die Jüngsten oder gar Dümmsten sind, die einen solchen Gang in eine andere Welt unternehmen können und nach erfolgreicher

Rückkehr sogar König werden, hängt wohl damit zusammen, daß sie in dieser Verfassung die geringste Lebenserfahrung und damit die lockerste Bindung an das Diesseits haben. Sie sind somit offen für Erlebnisse aus anderen Wirklichkeitssphären. Die im Märchen ausgedrückte geringe Anzahl an Lebensjahren oder die Dummheit stehen also für weitgehende Vorurteilsfreiheit, für Naivität oder, anders ausgedrückt, für – im besten Sinne des Wortes – Gutgläubigkeit. Denn letztlich stellt sich der Märchenheld bei der Jenseitsreise alles andere als ungeschickt an. Er benutzt dabei beispielsweise die ihm oft vorher zuteil gewordenen Wunderdinge genau im richtigen Augenblick, um seine märchenhaften Aufgaben, also Proben, die er im diesseitigen Leben nie bewältigen könnte, zu lösen. Aber auch dieser Gebrauch resultiert nicht aus seinen logischen Gedankenschlüssen, sondern er weiß wie selbstverständlich, wann er die Wunderdinge einsetzen muß. Der Märchenheld ist demnach ebensowenig klug, vielmehr vom Schicksal geführt, ihm anheimgegeben – auch das könnte zu seiner Charakterisierung als Jüngster oder als Dümmling passen und ist zudem die nächste Übereinstimmung des Märchens zum Geschehen in der schamanischen Welt.

Durch ihre Schicksalsbestimmung sind sowohl der Schamane als auch der Märchenheld zur Jenseitsreise befähigt, und in ihr offenbart sich ihnen die dem diesseitigen Leben gewinnbringende Verhaltensweise.

Wenn der Schamane ein vom Schicksal Geführter

ist, so kann für ihn die Reise ins Jenseits und der dortige mögliche Kampf ein Zwang sein, weil das Gemeinschaftsgeschehen, die gemeinschaftliche Fügung ihm diese Aufgabe auferlegt; zum Beispiel bei Krankheitsfällen oder bei wichtigen Entscheidungen in der Sippe. Jedoch durch eben seine Schicksalsgebundenheit ist er auch jederzeit bereit aufzubrechen in die obere oder in die untere Welt. Der Schamane vermag bei solchen Jenseitsreisen „Götter und Geister aufzusuchen, die Toten in ihre Welt zu geleiten, den Dämonen im Kampfe entgegenzutreten. Dies alles jedoch nicht als Privatissimum, sondern in der schamanischen Séance als Gemeinschaftserleben". (Gehrts „Weltenbaum", S.44)

Eine erfolgreich bestandene Jenseitsreise erbringt einen Lebensgewinn, weil dann die menschliche Gemeinde durch den Zurückgekehrten die Lebensfrüchte aus dem Diesseits und dem Jenseits genießen kann. Aus diesem Grund wird auch am Schluß des Märchens der Jenseitsreisende oder der vom Jenseits Berührte König. Das hat keinen machtpolitischen Hintergrund einer vielleicht monarchischen Grundordnung. Der König repräsentiert in der Frühgeschichte – gleich dem König im Märchen – vielmehr die Krone des Lebens. Er verkörpert in dieser Weise das Lebenspotential, das je nach schicksalsbedingter Fähigkeit des Königs entweder zum Nutzen der menschlichen Gemeinschaft aufblüht oder unbefruchtet eine bloße Möglichkeit bleibt. Lebensbefruchtend wirkt ein König, wenn er nicht nur diesseitig bleibt, sondern zudem Kontakt zum Jenseits hat oder zumindest hatte.

Unter anderem deshalb bekommt der Märchenheld oft nur das halbe Königreich. Jene Zweiteilung ist ein Stilmittel im Märchen, um die gegenseitige Verschränkung von diesseitiger und jenseitiger Welt deutlich werden zu lassen. Der alte König vertritt in diesem Fall das alltägliche Diesseits und der Märchenheld bzw. der neue König das Jenseits, wo er seine Königsprüfungen bestand.

Es gibt Märchen, die eine solche Einteilung am Brautpaar vornehmen, indem die Braut ein Jenseitswesen ist und der Bräutigam sie aus ihrer jenseitigen Heimat ins Diesseits holt. Das gelingt jedoch für gewöhnlich nur mit Hilfe der magischen Kräfte der Braut. Die Braut hat hier also eine ähnliche Funktion wie die Hilfsgeister der Schamanen.

Sowohl im Märchen als auch beim schamanischen Welterleben haben wir es mit einem augenblicksgebundenen Geschehen zu tun. Die anderen beiden Zeitdimensionen werden verräumlicht und erhalten somit ebenfalls einen deutlichen Gegenwartsbezug. Nur in einer derartigen Auffassungsweise kann eine als zukünftig verstandene Welt, wie das Reich des Todes, durch Wanderung erreicht werden.

In der schamanischen Kulturepoche muß der Gestorbene in diese andere Welt gehen. Daß sich eine solche Anschauung zumindest im Sprachgebrauch bis in die heutige Zeit erhalten hat, sehen wir an einer

Formulierung wie der vom „letzten Gang“. Dieser bezieht sich ursprünglich auf den Verstorbenen, der ins Todesreich aufzubrechen hat und mit der Totenfeier von den Hinterbliebenen dazu verabschiedet wird.

Aber es muß nicht immer ein Weg beschritten werden, um in die Sphäre des Todes zu kommen, auch Fahrten auf dem Wasser drücken die räumlichen Verschiebungen aus. Eine schamanische Sitte im malaiischen und indonesischen Gebiet ist es, die Toten im Boot auszusetzen. Das Boot bringt „die Seele des Toten in die Urheimat, von der die Ahnen ausgegangen sind.“ (Eliade, S.339) Die „Urheimat“ ist demnach das Totenland „und der Ozean zwischen ihm und der jetzigen Heimat wird zum Wasser des Todes.“ (ebd., S.340)

Bei dem Gang des Verstorbenen vom Diesseits ins Jenseits wird der Tote vom Schamanen begleitet. Er ist deswegen dazu befähigt, weil er während seiner Einweihung zum Schamanen seinen eigenen Tod miterlebt hat. Er ist also ein bereits Gestorbener, nämlich gestorben für die bloße Existenz im Diesseits. Letztlich ist der Schamane das, was der König im Märchen ist, ein Vertreter des Lebendigen, das im Pendeln zwischen Diesseits und Jenseits seine Existenz hat, im voneinander schöpfenden Austausch. In dieser Weise kann der Schamane für den Ausgleich zwischen den Welten sorgen, vermag er wirksamen Rat zu geben und krankhafte Disharmonien auszubalancieren.

Für die Menschen der schamanischen Kultur gibt es also unterschiedliche Welten, die klar voneinander getrennt sind. Lediglich die besonders befähigte Person des Schamanen kann sich in vielen Welten aufhalten. Den anderen Gemeinschaftsmitgliedern sind die Welten außerhalb ihres lichten Da-Seins verschlossen. Sie können die dortigen Ereignisse nur durch das Miterleben der schamanischen Séance erfahren. Jedoch, weil ein Mitglied der schamanischen Gemeinschaft in diese Reiche gelangen kann, gibt es für das schamanische Leben trotz der eindeutigen Trennung der Welten keinen Bruch zwischen ihnen. Die Welten gehören vielmehr zueinander, bedingen einander. Für die Anschauung des schamanischen Menschen existiert ohne das Jenseits das diesseitige Leben nicht, wie ohne das Diesseits die anderen Welten nicht vorhanden wären.

Indes, die eindeutige Trennung zwischen Lebens- und Totenwelt bewirkt, daß die Grenzüberschreitung des Verstorbenen von einer Welt in die andere ein gefahrvolles Unternehmen ist, was die helfende Begleitung des Schamanen und seiner Hilfsgeister nötig macht.

Wie schon erwähnt, können nach schamanischer Vorstellung die Jenseitsreiche über den Weltenbaum erreicht werden, denn seine Wurzeln reichen in die unterirdische, die Krone in die überirdische Sphäre. Dieser Weltenbaum zeugt noch einmal davon, daß es sich im schamanischen Verständnis um eine Raumbewältigung handelt, wenn der Schamane in eine andere Welt gelangt. Wobei eine solche Reise nicht als ein im heutigen Sinne reales Ereignis aufgefaßt werden darf. Die Totenreise zum Beispiel, egal welchen konkreten Inhaltes, wird bei den schamanischen Völkern als eine ekstatische Reise erlebt. In Melanesien besteht beispielsweise „die Sitte, bei der Leiche zu schlafen; im Traum begleitet ... führt man die Seele des Abgeschiedenen ins Jenseits und erzählt beim Erwachen die Abenteuer der Reise.“ (Eliade, S.342)

Da sich der schamanische Mensch in der Mitte des offenen, unendlichen Lebens befindet, ist seine Existenz mit diesem verbunden. So versteht er sich auch dem Göttlichen und dem Tode zugehörig, trotz der erfahrenen Grenzen zwischen ihnen. Die Erscheinungen des Unendlichen und Ewigen sind für ihn nichts unfaßbares, sondern er erlebt sie unmittelbar, ist durch sie beheimatet, fühlt sich in der Unermeßlichkeit geborgen.

Diese Art der Erfahrung der ewigen Unendlichkeit hat nicht jene Eigenschaft der Kälte und der Unwirtlichkeit, wie sie der Zivilisationsmensch beim Blick in den astronomischen Himmel wahrnimmt. Für ihn ist das beobachtete Weltall zwar ein interessanter, aber zugleich auch bedrohlicher Raum, in dem er nicht leben könnte, wenn er nicht seine realen Lebensbedingungen in ihn hinein tragen würde.

Für die schamanische Gemeinschaft ist das Jenseits immer gegenwärtig. Ungeachtet der klaren Unterscheidung gegenüber der diesseitigen Lebenswelt, ist es für die Menschen nicht unerreichbar entfernt. Der Schamane repräsentiert mit seinen Jenseitsreisen die Fähigkeit, in diesseitsferne Dimensionen zu gelangen.

Jedoch die Vereinzelung von Fertigkeiten signalisiert eine Tendenz, die die weitere Entwicklung des Menschentums entscheidend bestimmt, und neben vielen anderen Gründen zum Wechsel von der schamanischen zur rituellen Kultur führt. Dieser geschieht nämlich unter anderem, wenn die Menschen versuchen, „das schamanische Element aus der Zone rein schöpferischer, je-augenblicklicher, inspirierter Verwirklichung zu lösen, unabhängig zu machen von der Genialität der einen bevorzugten, von Geistern erwählten Person. [Es ist zu vermuten, daß] dieses Beständig- und Verfügbarmachen allmählich vor sich ging ... Und es gibt auch einen schicksalhaften Zwang dorthin. Stellen wir uns vor, daß in einer kleinen Gemeinde, in einer Sippe, einem Stamm von geringer Kopfzahl der große Schamane stirbt und vorderhand kein Berufener da ist, keiner, heißt das, an den der Ruf aus jener [jenseitigen Geister-] Welt ergangen ist. Was soll man da machen? – die Machbarkeit … im Angesicht einer schicksalhaft ausweglosen Lage.“ (Gehrts, „Weltenbaum“, S.45)

Damit die einmal errungene lichte Mitte in einer solchen Situation nicht preisgegeben werden muß, findet in der schamanischen Kultur im Laufe ihrer Entwicklung eine Wandlung statt: Von der spontanen Erwählung des Schamanen durch die jenseitigen Geister hin zu einer Erziehung zum Schamanen. Das heißt, der Schamane bestimmt letztlich seinen Nachfolger selbst und bereitet ihn auf seine spätere Rolle vor.

Der Mensch greift somit aktiver in den Lauf der Welt ein. Der menschliche Wille tritt in den Vordergrund – ein Wille, der sich zwar noch keineswegs grundsätzlich seiner Lebenswelt widersetzt, sie aber gleichwohl zu seinen Gunsten zu gestalten versucht.

Wenn jetzt der Wille eine stärkere Präsenz im menschlichen Da-Sein erhält, so ist das kein freier Entschluß des Menschen, sondern sein Weltumgang ist in Widersprüche gelangt, die er lösen muß, will er sich als sich selbst bewußtes Tier erhalten. Der Kulturwandel ist demgemäß ein Schicksalszwang. Dieser entsteht, weil die erfahrene Welt des Menschen nicht mehr mit seiner Auffassung von ihr und damit auch von sich übereinstimmt. Ein solcher Wechsel der Kulturepochen ist ein langwieriges, komplexes und widersprüchlich verlaufendes Geschehen, das einzig im nachträglichen geschichtlichen Blick als Gegenwart der Vergangenheit des Vergangenen erfaßt werden kann.

Widersprüchlich ist ein solches Geschehen allein schon deshalb, weil sich die alten Auffassungen von der Welt gegen die neuen Einsichten so lange wehren, bis sie in letztere untergegangenen sind und schließlich als aufgehobene Momente in diesen weiterexistieren. Wobei die alten Auffassungen mit ihrer abwehrenden Eigenheit gegenüber dem Neuen den eigenen Niedergang beschleunigen.

Der eben beschriebene Versuch der Rettung der schamanischen Lebensweise, in dem der Mensch und nicht mehr die Jenseitsmächte den Schamanen bestimmen, bewirkt beispielsweise eine Unterhöhlung der schamanischen Lebensauffassung. Denn die Betonung des Eigenwillens führt zu einem stärkeren Selbstbezug des Menschen, wodurch das diesseitige Leben eine Aufwertung gegenüber dem Jenseits erhält. Anders ausgedrückt, die Kommunikation zwischen dem Menschen und seiner erlebten Welt verändert sich, und damit auch die menschlichen Vorstellungen vom Göttlichen und vom Tod.

Der Lebenskreis der rituellen Kultur

Die Kulturausprägung des Schamanismus ist eine noch jungfräulich gelebte logische Negation (Verneinung) des natürlichen Lebens. Das heißt, die logische Trennung zwischen dem Menschen und seiner Welt bedeutet noch keinen unüberbrückbaren Bruch in den menschlichen Vorstellungen. Alle erlebten Wirklichkeitsbereiche, die des Da-Seins, die des Göttlichen oder die des Todes werden zwar inhaltlich unterschieden, aber nicht als miteinander in grundlegender Widersprüchlichkeit stehend erfahren.

In der rituellen Kultur wird der Unterschied zwischen diesseitigem und jenseitigem Leben wesentlich einschneidender spürbar. Beide Lebensdimensionen bekommen eine bis dahin nicht gekannte Autonomie, was die Erlebnisweise der Menschen bezüglich der verschiedenen Wirklichkeitsebenen stark verändert.

In der schamanischen Kultur ist es ursprünglich eine schicksalhafte Fügung, Eingang in die jenseitigen Reiche und Kontakt mit den dortigen Gestalten zu bekommen. In der rituellen Kultur hingegen findet keine sich von selbst ergebende Begegnung mit jenseitigen Wesen oder Erscheinungen mehr statt. Ein solcher Kontakt muß vielmehr in einem Ritual hergestellt werden, das dann die entsprechende geistige Reaktion heraufbeschwört. Nur dank eines solchen Rituals erfährt der rituelle Mensch von den Jenseitsreichen. Dadurch besteht aber die Möglichkeit, daß jedes Mitglied der Kulturgemeinschaft dieses Erlebnis erhalten kann.

Im Ritual wird jedoch dem Menschen auch klar, daß die Jenseitsreiche nicht die Wirklichkeit des Diesseits sind, sondern eine andere Wirklichkeit. Darin zeigt sich eine unüberwindliche Spaltung innerhalb der rituellen Welt, die es in der schamanischen nicht gibt.

Deutlich wird das im Maskenwesen – eine vornehmliche Ausprägung der rituellen Kultur –, das zum Beispiel bei den Hopi-Indianern außerordentlich ausgebildet war. Bei ihnen stellen die Masken Urwesen dar, die sie Katschinas nennen. Das Hopikind wächst dabei in die Wirklichkeit dieser unter vielerlei Masken sich darbietenden Wesen hinein. „Eines Tages muß man es indes aus dieser Maskenwirklichkeit herausreißen, schon früh, lange bevor es für die eigentliche Reifefeier alt genug geworden ist, dann nämlich, wenn das junge Kind aufzumerken beginnt.

Zunächst aber läßt man für die Kinder alle diese Wesen als Wesen erscheinen, so etwa bei einem bestimmten Fest Ende Februar, bei dem zeitweilig der Dorfplatz voll ist von Katschinas. Die Mütter sitzen auf den flachen Hausdächern und haben die jüngeren

Kinder bei sich. Auf einen Ruf des Katschina-Leiters bedecken die Mütter die Kinder mit einer Decke, die Maskenträger steigen geschwind in die unterirdischen Kulträume, die Kivas, hinab, und wenn die Kinder aufgedeckt werden, sind die Katschinas sämtlich verschwunden. Alle Leute, auch die Mütter, starren in den Himmel hinauf und sagen, daß sie sie fortfliegen sähen … – Es ist klar, daß ein solches Verschweignis nicht lange bewahrt bleiben kann. Sehr früh …, schon im Alter von sechs bis acht Jahren, werden die Kinder daher in das Geheimnis der Katschinamasken eingeweiht, eben bei demselben Fest, da die Mütter den Scherz mit der Decke an den jüngeren Kindern ausüben. Es ist das Powamufest, zu dem man in den unterirdischen geheizten Kulträumen Bohnen zum Keimen bringt, im Februar, also zu einer Zeit, da auch bei uns ein erstes Keimen, die vorlenzliche Kraft des zeugerischen Lebens sich regt – und die ehedem auch bei uns durch Maskenfeste dieses Sinnes gefeiert wurde.“ (Gehrts „Initiation“, S.15) Die einzuweihenden Kinder werden bei diesem Fest in die Kivas gebracht, „um den Katschinatänzen zuzuschauen, und dort erlebt der Neuling nun eine schlimme Überraschung. Die Katschinas kommen ohne Gesichtsmaske herein, und das Kind sieht, daß sie nicht Geister sind, sondern Menschen.“ (ebd., S.16)

Der Hopi-Indianer Don C. Talayesva beschreibt seine Gefühle nach diesem unerwarteten Erlebnis wie folgt: „Ich erkannte sie fast alle und fühlte mich sehr unglücklich, weil mir mein Leben lang gesagt worden war, daß die Katschinas Götter wären. Ich war erst recht betroffen und verärgert, als ich alle meine Oheime, Väter und Klanbrüder als Katschinas tanzen sah. Besonders übel empfand ich es, als ich meinen eigenen Vater sah – und sooft er zu mir herüberblickte, wandte ich das Gesicht ab. Als die Tänze vorüber waren, sagte der Leiter zu uns mit strenger Miene, daß wir nun wüßten, wer die Katschinas wirklich wären, und daß wir, wenn wir jemals uneingeweihten Kindern etwas davon erzählten, Prügel erhalten würden …'Vor langer Zeit', setzte er hinzu, ‚wurde einmal ein Kind zu Tode gegeißelt, weil es das Geheimnis ausgeplaudert hatte.' Ich war mir dessen gewiß, daß ich es niemals ausplaudern würde." (Talayesva, S.82)

Später erhalten die eingeweihten Kinder auch eine Begründung für die Notwendigkeit einer solchen Vorgehensweise. Don C. Talayesva berichtet: „Meine Väter und Oheime zeigten mir die Masken der Ahnen und erklärten, daß vor langer Zeit die wahren Katschinas regelmäßig nach Oraibi gekommen wären und auf der Plaza getanzt hätten. Sie erklärten, daß die Katschinas, seit das Volk so böse geworden sei – es wären nämlich so viele Zwieherzen auf der Welt – aufgehört hätten, leibhaft zu kommen, und nur ihre Geister schickten, um an Tanztagen in die Masken einzugehen. Sie zeigten mir, wie man die Masken speist, indem man ihnen etwas zu essen auf den Mund legt, und sie lehrten mich, sie zu achten und zu ihnen zu beten.“ (ebd., S.85)

Der rituelle Mensch erfährt also eine Zerissenheit in seiner Welt, die unter anderem verhindert, daß die Jenseitswesen für ihn unmittelbar erlebbar werden. Hier zeigt sich zur schamanischen Kulturstufe ein deutlicher Unterschied in der geistigen Voraussetzung.

Lebt der Mensch der schamanischen Kultur einfach nur den Gegensatz von sich selbst und dem, was dieses Selbst erlebt, so tritt in der rituellen Kultur die Unterschiedlichkeit von Mensch und Welt, und dem entsprechend von Diesseits und Jenseits als unüberwindbare Distanz auf. Das geschieht in dem Augenblick, wo der Mensch gewahr wird, daß er sich als bloß-biologisches Tier unwiderruflich negiert hat. Die logische oder, psychologisch gesprochen, seelische Licht-ung ist von ihm nicht mehr aufzuheben. Der Ausdruck „Zwieherzen“ bei den Hopi-Indianern macht deutlich, daß sie sich als zerrissene Wesen auffassen, und diese Spaltung auch in ihrer Welt erleben.

Der Mensch nimmt also wahr (begreift es noch keineswegs, das heißt, wird sich dessen noch nicht völlig bewußt, sondern lebt es zunächst erst einmal), daß seine eigene logische Tötungstat das Da-Sein als bleibend erschaffen hat. Damit ist Bewußt-Sein nicht mehr unschuldig einfach da, vielmehr ist es enttäuscht, wie Don C. Talayesva, als er mitbekommt, daß die Maskentänzer keine göttlichen Gestalten sind. Eine solche Ent-täuschung (die Gewahrung eines Scheins) ist demgemäß wiederum ein ausschließlich logischer Vorgang, der als solcher seine Entsprechungen in der logischen Welt hat.

Solche Geschehnisse können vom Menschen nicht gewollt herbeigeführt werden, denn dann stände er außerhalb der Begebenheiten; sie brechen vielmehr über ihn herein. Die Existenzerhellung oder die Enttäuschung sind somit Fügungen. Nicht der Mensch entscheidet für sich, die Negierung seines eigenen biologischen Seins vorzunehmen, dies stößt ihm vielmehr zu. Es ereignet sich bei seinem jägerischen Tun, bei dem das biologische Phänomen Mensch entsteht, indem es getötet wird, nämlich in Gestalt des Tieres.

Freilich sind die Bedingungen für ein solches geistiges Geschehen schon im Menschen als Potential gegeben. Auch die geistigen Wandlungen, die im Wechsel der Kulturepochen deutlich werden, sind nicht voraussetzungslos. Denn wenngleich das Neue nicht ausschließlich auf dem Vorhergehenden aufsitzt, so ist das Alte doch Bestandteil der neuen Stellung von Bewußt-Sein; das Alte ist weiterhin ein wirkendes, obgleich im Neuen aufgehobenes, Element.

Wenn Bewußt-Sein nun der eigenen tötenden Handlung gewahr wird, so hat es sich weiter von seinem bloß-biologischen oder tierischen Anteil emanzipiert. Die Seele (bzw. Bewußt-Sein) hat „offenbar ein Interesse daran, sich ihre eigene Unschuld zu nehmen, sich selbst zu verwunden, sich selbst zu Tode zu erschrekken … In dem grundstürzenden Erschrecken, in das sich die Seele dadurch, daß sie sich mit [dem Wahrnehmen der eigenen tötenden Tat] konfrontiert, hineinbringt, gelingt es ihr, sich aus ihrer Einhelligkeit mit sich hinauszusetzen, sich selbst ihr selbst als einem absolut Fremden, mit ihr Unverträglichen gegenüber zu setzen und sich so in ein (innerpsychisches) Außen zu bringen. Wir erleben hier die Erfindung oder Setzung des ‚Außerpsychischen', die Erzeugung jenes Abstandes der Seele zur Seele, der – wenn er entwickelt ist – die äußerliche Reflexion ebenso ermöglicht wie erzwingt." (Giegerich, „Animus-Psychologie", S.188)

Damit hat der Mensch einen innerseelischen Bruch oder, anders ausgedrückt, Bewußt-Sein einen Riß erlitten. Der Mensch erlebt nun den Widerstreit eines unüberbrückbar scheinenden Gegensatzes von sich und seiner Welt. Seine Welt ist für ihn jetzt ein andersartigbleibendes Gegenstück.

Diese Andersartigkeit be-gründet die innerseelisch, also nur durch Bewußt-Sein, entstandene Außenwelt, gegenüber der sich der Mensch jetzt so verhält, als hätte er mit ihr nichts zu tun. Doch sind beide Seiten weiterhin Teile einer Ganzheit, „in der die Seele ... sich selbst ... mit sich selbst auseinandergelegt hat.". Sowohl der Mensch als auch seine Welt „sind gleichermaßen und mit einem Male als eine Konstellation" (ebd., S.189) von der Seele, von Bewußt-Sein gesetzt.

Daß die Verschiedenheit von Mensch und menschlicher Welt ausschließlich in der Dimension von Bewußt-Sein auftritt, zeigt noch einmal, daß der Mensch aus Bewußt-Sein nicht heraustreten kann. Bewußt-Sein ist in jedem Augenblick vollständiges Verhältnis. Das bedeutet, was vom Menschen als Außen- und Innenwelt verstanden wird, ist einzig und allein eine Differenzierung von Bewußt-Sein.

Selbstverständlich gibt es Wirkungen, die außerhalb von Bewußt-Sein auf dieses einen Eindruck ausüben. Aber dieser Eindruck wird erst ein wahrgenommenes Geschehen, wenn innerhalb eines Verhältnisses von Bewußt-Sein ein Gegensatz von empfangenem Eindruck und Eindrucksempfänger erzeugt wird. Sonst bliebe es bloße Sinnesreaktion oder Triebgeschehen, wie der Mensch es zum Beispiel beim Tier wissenschaftlich definiert. Die Außenwelt, im Unterschied zum sogenannten Innenleben des Menschen, kann demnach eine Gestaltung bzw. Bewußtwerdung von etwas sein, das auch außerhalb von Bewußt-Sein liegt, aber solches ist für den Menschen nur durch Bewußt-Sein, nämlich als Außenwelt des Bewußt-Seins zu erleben.

Weil der Gegensatz von Mensch und Welt eine Entgegensetzung von Bewußt-Sein ist, findet der eine Teil seinen Existenzgrund und seine Entsprechung alleinig im jeweils anderen Teil. Beide, Mensch und Welt, „sind als das Gegenteil des Anderen gesetzt. Daher besteht zwischen ihnen eine Identität, allerdings eine, die die Differenz in ihr hat.“ (Giegerich, „Animus-Psychologie“, S.190) Beide Seiten drücken in ihrer Darstellung zueinander die Verneinung des jeweils

Anderen aus, ohne dieses aufheben zu können.
Die Konstellation von Bewußt-Sein in dieser Kulturstufe wird von den Menschen im rituellen Nachspielen des „Urdramas“, also einer Ursprungsgeschichte, dargestellt. Sie müssen einen Ursprung ihrer geistigen Differenzierung in periodischen Abständen nachspielen, weil sie trotz der unversöhnlichen Scheidung von Mensch und Welt oder von Diesseits und Jenseits den Gegensatz noch als geistige Ganzheit und deswegen auch immer noch als Gemeinschaftsschicksal erfahren.

Die Menschen der rituellen Kultur führen das Geschehnis der Spaltung von Bewußt-Sein in ihren Ritualen auf, um es in diesen periodischen Wiederholungen als unwiderrufliches, nicht rückgängig zu machendes Ereignis in ihre Existenz aufzunehmen.

Jedoch der Bruch mit dem Anderen seiner selbst empfindet der rituelle Mensch nicht als eine persönliche Schuld wie später der Mensch der religiösen Kultur. Für ihn ist er einfach entstanden. Persönliche Schuld zu empfinden hieße, aus der bloßen Registrierung der unaufhebbaren Spaltung herauszutreten. Doch die Wirklichkeit der unwiderruflichen Teilung von Bewußt-Sein wird vom rituellen Menschen nur aufgenommen.

Wie erscheint dem rituellen Menschen seine Existenz? Beim Beispiel des Hopi-Indianers „Sitzende Rispe“ zeigt sich, daß das Kind in der rituellen Kultur die Dämonen bzw. Geister substantiell erlebt und nichts weiß von der Widersprüchlichkeit der Darstellung, bei der jenseitiger Geist und diesseitiger Mensch in ein und derselben maskenhaften Erscheinung auftreten. „Einmal aber muß es erfahren, daß in der Maske lediglich der ältere Bruder, der Vater, der Großvater steckt. Dämon, das ist Geheimnis, Maske, das ist auch noch Geheimnis, dazu aber Verschweignis. Das Kind lebt in der echten Illusion, erlebt in der Maske den Weltenhintergrund, aber einmal muß es enttäuscht werden, muß von der schönen Täuschung hinübergeführt werden zu einer harten Tatsache und muß erst dahinter, danach sich das eigentlich Wahre, die Wahrheit der eigentlich und wirklich dämonisch belebten Welt erarbeiten.

Das ist der schwierige Weg der neuen Initiation, bei der auch der Verlust der menschlichen, dämonischen, kosmischen Unmittelbarkeit, die im Schamanentum gegeben war, erklärt werden muß.“ (Gehrts „Weltenbaum“, S.46f.)

Das leistet das rituelle Fest, bei dem das Urdrama aufgeführt wird, bei dem die Spaltung von Bewußt-Sein und damit die Existenzerhellung zur Darstellung kommen.

Im Ritual wird also etwas verkörpert, das die gemeinschaftliche lebendige Wirklichkeit ist. Dabei sind nicht nur die Ausübenden, zum Beispiel die Maskenträger der Hopi-Indianer, von dieser Wirklichkeit ergriffen, sondern ebenso die Zuschauer. Das Urzeitgeschehen wirkt so auf alle Teilnehmer des Rituals und wird ihnen zur geistigen Gewißheit.

Die Darbietung des Urdramas bewirkt zweierlei. Zum einen erneuert sie die alternde Zeit, indem durch die Aufführung ein neuerlicher Anfang gesetzt wird. Zum anderen entsteht mit diesem erneuten Anfang eine Mitte. Die ist nun aber nicht jene Mitte in einer unendlichen Welt, wie sie die Menschen in der schamanischen Kultur erfahren, sondern diese Mitte bildet sich heraus, weil jeder Anfang fortlaufend altert, bis er in einen neuen Beginn mündet. Der Weg von Anfang zu neuerlichem Anfang ist eine Kreisbewegung, weil das Ende der Bewegung und der Anfang einer neuen Bewegung zusammenfallen. Da dieser Lauf des Alternden hin zur Erneuerung unablässig stattfindet, entsteht und erhält sich der Kreis, der die Mitte der rituellen Kultur ist. Innerhalb dieses Kreises entsteht ein Kosmos, den die rituellen Menschen als den eigenen verstehen; er ist menschlicher Repräsentant des anderen unendlichen Kosmos, der außerhalb des menschlichen Lebenskreises existiert.

Somit lebt der rituelle Mensch „innerhalb einer einmütig gesonnenen Gemeinde“. (Gehrts, „Märchen“, S.17) Er ist erfüllt von einem ortsbezogenen Heimatgefühl, wie wir es in den Berichten von Indianern noch erfahren können. Von Kind auf findet sich ein solcher „Erdenbewohner auf allen Seiten umgeben, umhegt von dem Reichtum sinnerfüllter Erscheinungen und Gebilde“. (Gehrts „Weltenbaum“, S.49)

Hier zeigt sich das charakteristische Merkmal der rituellen Kultur. Der rituelle Mensch lebt die Trennung zwischen außermenschlichem und menschlichem Kosmos. In der schamanischen Kultur ist der Mensch die Mitte einer ewigen, unendlichen Welt. In ihr sind ober- und unterirdische Reiche Weltebenen, die zwar abgegrenzt sind von der Mitte, aber die Grenzen können im Gegensatz zur rituellen Welt zumindest vom Schamanen überwunden werden.

Gleichwohl ist der menschliche Kosmos in der rituellen Kultur keine sich von selbst verstehende Welterscheinung. Deswegen ist der Mensch dieser Kulturepoche gezwungen, ihn in einem Ritual in gewissen zyklischen Zeitabständen immer wieder neu entstehen zu lassen, indem er das Urdrama aufführt. Letzteres ist nicht weniger, als die wiederholte Freisetzung des dunklen Lebens ins lichte Da-Sein.

Der Mensch der rituellen Kultur sieht sich also in einer Sonderstellung innerhalb der Welt. Deshalb ist eine besondere Geburt des menschlichen Lebenskreises vonnöten. Bei diesem Geburtsvorgang bleibt aber der Mensch ein passiv Erlebender, auch wenn er im Ritual das Urzeitdrama aktiv wiederholt. Doch der eigentlich ursprüngliche schöpferische Vorgang, der den menschlichen Bezirk und den ihn umgebenden außermenschlichen Kosmos entstehen läßt, ist eine göttliche Tat. Sie setzt jenes Leben frei, das die rituellen Menschen erfahren.

Das Da-Sein entsteht hier nicht aus dem Nichts, wie es später in der religiösen Kultur vorgestellt wird, vielmehr ist beim Urdrama das Leben als Potential schon vorhanden, muß aber durch eine Tat des Göttlichen entbunden werden. Diese ist notwendig, weil der Lebensquell eingeschlossen, verborgen ist.

In den Mythen ist es oft ein Drachen, der das Leben gefangenhält. „Es gibt in der Welt vielerlei Mythen, die davon erzählen, wie das Dasein ursprünglich durch ein Ungetüm eingeschlossen war … Der Sieg über den Drachen ist des Gottes erste Tat; sie machte das Leben möglich.“ (Gehrts „Schlangen und Drachen“, S.13) Die erste göttliche Tat ist ein belebender Schlag, sodaß das Leben aus der Umklammerung entbunden wird und als lichtes Da-Sein erscheinen kann.

Diese Urzeitmythen offerieren ein ganz anderes Bild des Göttlichen, als es sich dem Großwildjäger präsentiert. Für ihn entsteht das Göttliche im Gewahren des Angeblicktwerdens durch das von ihm gejagte Großwild und dem Aushalten dieses existentiellen Konfliktes. Das Göttliche ist so das unmittelbar erlebte Andere des Jägers. In der rituellen Kultur hingegen gibt es keine direkte Konfrontation mit dem Göttlichen. Es wird vielmehr vorausgesetzt. Somit findet keine unmittelbare Begegnung mit dem Göttlichen mehr statt, wie bei der Großwildjagd des Frühzeitmenschen oder wie bei der Begegnung des Schamanen mit jenseitigen Mächten; das Göttliche kann nur noch nachgebildet werden.

Genau das erlebt der Initiand der Hopi-Indianer, wenn er hinter den Masken, die beim rituellen Spiel zur Aufführung kommen, die eigenen menschlichen

Angehörigen entdeckt. In einem solchen Augenblick erfährt der rituelle Mensch, daß er von der göttlichen Sphäre abgeschnitten ist, sie für ihn, zumindest im menschlichen Diesseits, unerreichbar bleibt.

Das ist jedoch nur die eine Seite der Einsicht. Andererseits vermittelt der Inhalt des Urzeitdramas, daß das Göttliche den menschlichen Lebenskreis gewährleistet, obwohl es jenseits von ihm verbleibt. Das bedeutet, das oben erwähnte Heimatgefühl bezog sich keineswegs nur auf den relativ engen Lebenskreis des Menschen, sondern ist ebenfalls gespeist aus den außermenschlichen Weiten, die diesen einschließt. Denn einzig mit ihnen ist das Da-Sein des Menschen möglich.

Die Erfahrung des rituellen Menschen, daß die Erscheinung, die das Leben freisetzt, im dem Menschen fernen Bereich existiert, also eigentlich in der Todessphäre, bekräftigt seine Vorstellung vom Lebenskreis, bei dem Ende und Anfang zusammenfallen. Jedes Vergehen des Alten, Verlebten, führt dabei zu einem Umschwung in Neues, das dann auf ähnlicher Bahn in einer kreisförmigen Lebensbewegung zu solchem Alten wird, das es vormals ersetzt hat. Und indem es altert, schafft es die Möglichkeit für eine neue Geburt.

Dieser Wechsel von Sterben und neuer Geburt wird dem Menschen der rituellen Kultur in dem Ritual verdeutlicht, das als Reifezeremonie bezeichnet werden kann, bei dem das Kind zum Erwachsenen wird. Ähnlich wie bei der Darstellung des Urzeitdramas wird die Zerissenheit von Bewußt-Sein dem Initianden demonstriert, nur jetzt nicht als metaphysisches Urzeitgeschehen, sondern als das den einzelnen Menschen betreffendes Ereignis.

In dieser Reifezeremonie stirbt der Initiand einen rituellen Tod und wird dank dieses Todes als wahrer Mensch, nämlich als Wissender um das unaufhebbare existentielle Verhältnis von Da-Sein und Tod neu geboren. Es ist demgemäß eine „initiatische Geburt, also nichts anderes als die Ausgeburt des Initianden als Vollmensch.“ (Gehrts, „Initiation“, S.34)

Das Phänomen des Todes wird folglich wie das Göttliche sowohl als im außermenschlichen Bereich existierend als auch im menschlichen Kreis wirkend erfahren. Beide Erscheinungen machen somit auch die Einheit von außermenschlichem und menschlichem Kosmos deutlich – ihre gegenseitige Bedingtheit.

Durch diese Einheit ist die doppelseitige Präsenz des Todes und des Göttlichen überhaupt erst möglich. Das Göttliche läßt in seiner schöpferischen Mächtigkeit den menschlichen Lebenskreis entstehen und erscheint zudem beim rituellen Fest. Es (be-)gründet auf diese Weise unter den Menschen den rituellen Anfang. Der Tod bedeutet in der Vorstellungswelt der rituellen Menschen das unendliche, ewige Jenseits. Er bewirkt als dieses Jenseits indes auch das menschliche Diesseits, ist in diesem demnach gegenwärtig.

Das Verständnis der gegenseitigen Abhängigkeit von Diesseits und Jenseits erklärt die Ahnenverehrung bzw. den Ahnenkult in der rituellen Kultur oder, anders gesagt, die Sorge um die Toten. Die dabei sich ausbildenden Verhaltensmuster reichen bis in die Zivilisationskultur hinein. Der rituelle Mensch ist überzeugt davon, daß er die Verstorbenen aus der menschlichen Lebenswelt heraus sorgend unterstützen muß. Dies bedeutet auch einen Garant dafür, daß die jenseitigen Wesensmächte den Schicksalsverlauf der diesseitigen menschlichen Gemeinschaft hilfreich beeinflussen. Die Ahnenkulte sind deswegen freilich nicht auf Motive gegründet, die einem Handel gleichkommen würden, nach dem Prinzip: gibt der Diesseitige dem Jenseits vom Diesseits, so bekommt er im Diesseits Gaben vom Jenseits. Vielmehr gründet die Ahnenverehrung auf der Gewißheit, daß Diesseits und Jenseits miteinander verbunden sind.

Die Erscheinung des Todes hält noch auf andere Weise Einzug in den menschlichen Lebenskreis: durch die rituelle Tötung. Wobei es eine untergeordnete Rolle spielt, ob die rituelle Tötung nur eine symbolisch angedeutete ist, als körperliche Qual dem Einzelnen spürbar gemacht wird oder in einer Opferung als tatsächliche Tötungstat ausgeführt wird – in allen diesen Vorgehensweisen drückt sich die gleiche oben beschriebene Erfahrung von Bewußt-Sein aus.

Die rituelle Tötung ist darüber hinaus die erste Form des Menschen, im menschlichen Sein einen Anfang zu setzen. Für die Anfangssetzung ist eine Willenstat erforderlich, die ihrerseits einen Beginn derselben fordert. Einzig der Eigenwille vermag in der unendlich-ewigen Weite in eine Richtung zu weisen, die auch jenes Erlebnis einer Kreisbewegung vom Anfang zum Ende ermöglicht.

Aber wie wird dieser Wille im Sein wirklich, und warum steckt in ihm das Potential einer Anfangssetzung, die auch in der fortlaufenden Lebensbewegung bestehen zu bleiben vermag?

Bei der Großwildjagd bildet sich für den Menschen durch seinen jägerischen Tötungsakt, also sein Aushalten einer und Reagieren auf eine Existenzbedrohung, eine Licht-ung. Im wiederholten sich Aussetzen einer solchen Situation und der darauf folgenden Tat, erhält sich für den Menschen nicht nur die Licht-ung, sondern er wird sich dieser langsam auch bewußt, sodaß schließlich ein solches Ergebnis logisch nicht mehr rückgängig zu machen ist. Zu vergleichen ist eine derartige Gegebenheit mit einem Kind, das das Lesen erlernt hat. Es kann dann einfach nicht mehr in den logischen Zustand zurückkehren, bei dem ihm die Buchstaben bedeutungslose Zeichen waren. Das heißt, das durch die ausgeführte Tötung entstehende geistige Licht ist vom rituellen Menschen nicht nur erfaßt, sondern unwiderruflich erkannt. Diese logische Unabänderlichkeit bildet die Grundlage eines Anfangs, von dem aus sich für den Menschen ein Richtungssinn entwickeln läßt.

Das Gewahren des Ergebnisses des jägerischen Tötungsaktes sowie der späteren rituellen Tötung – also auch das Existieren des Ergebnisses als nicht begriffene

Wahr-nehmung – bilden für den Menschen Haltepunkte in dem selbstgenügsam dahinfließenden Lebenslauf. Und zwischen einem solchen Haltepunkt und dem trotzdem weiter fortlaufenden Leben entsteht ein künstlicher Freiraum, der die geistige Dimension ist.

Diese Entstehung des Haltepunktes geschieht dem Frühzeitmenschen einfach noch, das bedeutet, sie ist noch nicht gewollt herbeigeführt. Die Jagdvorbereitung, also die Absicht, sich einer das Leben gefährdenden Gegebenheit auszusetzen, bekundet dann schon den menschlichen Willen. Die Tötung selbst ist jedoch noch eine bloße Reaktion auf die lebensbedrohliche Situation. Im Gegensatz dazu ist die rituelle Tötung eine gewollte Tat, und somit die Setzung des Haltepunktes. Die Menschen dieser Kulturstufe erfahren dabei, daß, wenn sie das unaufhörlich fließende Lebensgeschehen künstlich zum Halten bringen, dieser Punkt zum schöpferischen Quell des menschlichen Seins wird. Daß eine derartige Gegebenheit in einer rituellen Darstellung Wirklichkeit erhält, bezeugt noch einmal, daß es sich dabei um kein sich von selbst ergebendes Geschehen handelt. Das erwachte menschliche Leben der rituellen Kultur ist kein Selbstverständnis, es muß durch eine göttliche Tat oder die rituelle Wiedergabe der Entstehung von Da-Sein freigelegt bzw. erobert werden.

Weil der Beginn des logischen Herausgehobenseins aus dem Lebensstrom als göttlicher Vorgang verstanden wird, der das menschliche Da-Sein erst ermöglicht, ist der rituelle Mensch zweimal geboren: einmal als natürliches (biologisches) Wesen, und zum anderen als menschliches Geschöpf in Folge eines göttlichen Werkes.

Diese zweite Geburt ist vorzüglich in der sogenannten Reifezeremonie wiedergegeben. In ihr stirbt das Kind (verstanden als Naturwesen), und der Erwachsene, der Mensch göttlichen Ursprungs, wird geboren. In diesem Pubertätsritual erfährt also der Initiand den Bruch zwischen sich als natürlichem Wesen und als menschliche Erscheinung. Er wird durch den rituellen Tod aus seiner natürlichen Eingebundenheit herauskatapultiert, hinein in die Geburt als zugleich geistiges und biologisches Wesen. Wenn oben der Initiand nach der initiatischen Geburt als „Vollmensch“ bezeichnet wird, so bedeutet das, daß von dem Augenblick an der Mensch die Widersprüchlichkeit (oder eben den Bruch) logisch trägt und tragen kann, natürliche und gleichzeitig nichtnatürliche Erscheinung zu sein.

Indes, schon die Großwildjagd selbst ist eine nichtnatürliche, sprich instinktwidrige Handlung. Nicht Hunger ist das Motiv der Jagd, sondern der Jäger „geht“ bei ihr zu seinen Existenzgrenzen, indem er sein Leben in der Begegnung mit dem ihm physisch überlegenen Tier „aufs Spiel setzt“. In dieser Konstellation des Zusammentreffens ist auch das Tier nicht mehr nur biologisches Wesen, es ist zudem ein logischer Kontrahent, der das durch die Jagdsituation entstehende Da-Sein des Jägers bedroht. Und nach dem tötenden Wurf des Speeres hat der Großwildjäger demgemäß nicht bloß ein gestorbenes Tier vor sich, das nun zum Verzehr dient, es ist mithin Sinnbild der tötenden Tat, in der sich der Jäger, wie schon erwähnt, auch selbst als bloßes Naturwesen getötet hat.

„Im Schleudern des Speers, im Schlag mit der Axt durchbricht der Mensch sein Eingewobensein in den natürlichen Ablauf der Dinge (auch seiner eigenen Impulse und Emotionen) und tritt als Handelnder auf die Bühne der Welt." (Giegerich, „Tötungen", S.47)

Mit der Wiederholung der Tötung bei der Jagd und später mit dem Zelebrieren der Tötung in den periodisch durchgeführten Ritualen, drückt sich der Wille des Menschen aus, den durch die Tötungen erfahrenen lichten Raum zu erhalten. In diesem Sinne sind solches Handeln und solches Wollen ihr eigener Anfang. „Sie heben aus ihnen selbst heraus an." (ebd.)

„Wollen kann nur ein Wesen, das imstande ist, sich gegen sich selbst als Naturwesen zu kehren …" (Liebrucks „Sprache Bd. 3", S.323), das heißt, der Wille widerspricht den sich selbst genügenden Naturvorgängen, aus denen er sich dadurch heraushebt; er setzt ihnen ein entschiedenes „Nein" entgegen. Dieses „Nein" ermöglicht einen fixierbaren Anfangspunkt für eine Richtungsweisung, denn es ist, wie oben erwähnt, ein Geschehen, das nicht mehr rückgängig zu machen ist, weil es ein logisches Ereignis ist und kein natürliches. Wäre der Wille etwas Naturgegebenes, würde er allmählich im Fluß des natürlichen Laufes beginnen und auch in ihm wieder untergehen. Dann wäre jedoch nicht zu begreifen, wie er Halt und Beständigkeit in den ununterbrochenen Veränderungen des Lebens bekommen soll.

Je ausgeprägter der Wille beim Menschen ist, umso mehr hat sich der Mensch von sich als Naturwesen entfernt. Und dieser Zusammenhang ist wohl auch ein Grund für den Umschwung von der rituellen Jagd auf Tiere zur Tötung der Tiere bei festlich begangenen Opferritualen bzw. zur rituellen Tötung von Menschen. Mit der logisch größer werdenden Entfernung des Menschen von seinen tierischen Grundlagen wird das erlegte Großwild immer mehr zur bloßen Nahrung.

Der wachsende Abstand zwischen Jäger und gejagtem Tier zeigt sich ebenfalls darin, daß die Jagdwaffen immer größere Reichweiten erhalten. Zum Beispiel wird der Speer von Pfeil und Bogen ersetzt. Es findet nun bei der Jagd keine unmittelbare Begegnung des Jägers mit dem ihm physisch überlegenden Großwild mehr statt.

Hat die Licht-ung eine gewisse Beständigkeit erhalten, muß sie nicht mehr durch eine direkte Existenzgefährdung des Menschen erzeugt werden. Vielmehr vermag die gewollte Tat der Tötung in einem geplanten rituellen Akt die Licht-ung weiter zu manifestieren.

Bei der Tötung von Opfertieren vertreten diese als Gabe für das Göttliche immer noch das Andere des Menschen selbst. Werden Artgenossen geopfert, bekommt dieses Andere menschliche Züge. Das Göttliche ist dann als das menschliche Jenseits des diesseitigen Menschen dargestellt. Das Menschenopfer ist zudem die deutlichste Form, daß die Tötungstat des Menschen ein künstliches, sprich nichtnatürliches, weil instinktwidriges Verhalten ist. Daß dabei eine bewußte Absicht vorherrscht, zeigt sich darin, daß keineswegs nur Kriegsgefangene geopfert werden. Im Gegenteil, nicht selten wird das wertvollste (lebensvollste) Mitglied der Gemeinschaft dem Tod und dem Göttlichen preisgegeben. In manchen Fällen ist das Opfer sogar das Oberhaupt der Gemeinschaft, der König.

Es ist also festzuhalten, daß sich der rituelle Tod grundsätzlich von dem natürlichen, biologisch bedingten Tod abhebt. „Die Leiche des natürlich Verstorbenen als solche verschafft noch nicht die menschliche Erfahrung des Todes. Erst im eigenen Akt des Tötens gewinnt auch der Tod den Charakter eines aus dem Fluß des Geschehens herausgehobenen und innerhalb seiner einen ‚absoluten' Anfang bzw. ein grundsätzliches Ende setzenden Punkt, der ‚vorher' und ‚nachher' und ‚hüben' und ‚drüben' unerbittlich scheidet. So wie Speerwurf und Axthieb in kosmogonischer Hinsicht eine Mitte setzen, so setzen sie auch in zeitlicher Hinsicht den Jetztpunkt und stiften damit überhaupt erst ‚Zeit'. In der Natur gibt es keinen Anfang, kein Ende, auch kein Jetzt, sondern nur den unablässigen, gleich gültigen Strom des Geschehens. Erst die in das natürliche Geschehen gewaltsam einschneidende Tat des Menschen, d.h. der dem menschlichen Wollen, dem Geist oder der Seele des Menschen entsprungene Eingriff, in dem sich der Geist dem natürlichen Ablauf zumutet, ja aufzwingt und aus freien Stücken einen Punkt in ihn hinein setzt, verleiht kraft der Unumkehrbarkeit dieses eigenen Handelns dem Dasein Richtung und damit auch ‚Sinn'…" (Giegerich, „Tötungen", S.46)

Das frühzeitliche Jagdgeschehen und daraus folgend die Rituale vermitteln dem Menschen, daß der Tötungsakt als ein grundsätzliches Ende einen ebensolchen Anfang erbringt, nämlich den des geistigen Geschehens. Mit diesem wird jedoch auch das Ende desselbigen für den Menschen absehbar. Da nun sowohl das Vorher seines Anfangs, als auch das Nachher seines Endes kein geistiges Geschehen zu sein scheint, es zumindest als solches nicht zu erfahren ist, erscheinen dem rituellen Menschen diese Dimensionen im Laufe seiner Kulturentwicklung als Nichts, genauer als geistiges Nichts. Somit gesellt sich ihm zu seinem bisherigen Verständnis des Todes, dem unendlich-ewigen Außermenschlichen, eine weitere Anschauung vom Tod hinzu, nämlich der des Todes als Nichts. Beide Auffassungen bestehen zunächst nebeneinander.

Die Erkenntnis des Todes als Nichts ist die Einsicht der vollständigen Vernichtung des Da-Seins des Menschen nach seinem Ableben. Noch gewinnt diese Vorstellung für den rituellen Menschen keineswegs die Oberhand, was die Ahnenverehrung eindrucksvoll dokumentiert, jedoch mit seiner fortschreitenden geistigen Entwicklung wird sie für ihn zunehmend an Bedeutung gewinnen.

Die Anschauung des Todes als Nichts unterscheidet sich grundlegend von der, bei der der Tod das Leben bzw. den Lebenskreis umschließt. Bei letzterer ist der Tod als außermenschliches Phänomen etwas Undurchschaubares und in dieser Undurchsichtigkeit machtvoll. Diese Todesvorstellung erhält in der rituellen Kultur ihre besondere Geltung durch die Einsicht, daß das Leben vor der göttlichen Befreiungstat in diesem Bezirk des Todes ruht.

Der Tod als Nichts hat hingegen keine wie auch immer geartete Dimension, in der sich andere Welten auftun können, in die zum Beispiel die Verstorbenen gelangen. Mit dem Tod als Nichts verschwindet jegliches Sein, sobald kein Da-Sein mehr ist. Alles ist dann unwiderruflich verloren. Deshalb entsteht umgekehrt das Da-Sein aus dem Nichts einzig und allein durch eine freie (willkürliche) Anfangssetzung.

Die bisher dargelegten Unterschiede in den Vorstellungswelten der verschiedenen Kulturen sind, das sei noch einmal ausdrücklich erwähnt, im geschichtlichen Werdegang des Menschen keineswegs derart eindeutig abgegrenzt. Es gibt vielmehr bei den jeweiligen Kulturausprägungen vielschichtige Vermischungen mit vormals vorherrschenden und auch später stärker ausgeprägten Anschauungen. Jedoch bei dieser Untersuchung sollen in den einzelnen Kulturen tendenzielle Veränderungen von solch komplexen Vorstellungen wie dem Göttlichen und dem Tod beschrieben werden. Eine Vereinfachung der Darstellung ist zudem notwendig, um in dem Variantenreichtum einen grund-legenden Überblick zu erhalten. Eine derartige Verfahrensweise bietet sich überdies an, weil die Kulturstufen zeitlich weitreichende Ausdehnungen haben, und sich bei der Betrachtung des gesamten Zeitraumes einer Kulturepoche dann tatsächlich Grundzüge herauskristallisieren, die bedeutsame Unterschiede zwischen den Kulturen deutlich werden lassen.

Viele Anschauungs- und Handlungsweisen der vorlaufenden Kultur leben also in der aktuellen weiter; überleben manchmal auch diese noch. Wie auch umgekehrt in einer Kulturform schon Einsichten zutage treten, die sich erst zu einem späteren Zeitpunkt in der Vorstellungswelt einer anderen Kulturgemeinschaft wirksam ausbilden. In letzterem Sinne erscheint die Anschauung des Todes als Nichts in der rituellen Kultur.

Vorrangig beherrscht den rituellen Menschen jedoch noch die Vorstellung vom Tod als ein das menschliche Leben umschließendes außermenschliches Phänomen.

Mit dieser Anschauungsweise holt sich die rituelle Gemeinschaft durch die gewollte Opfertötung den Tod in den eigenen Lebenskreis herein. Das geschieht nicht aus einer Art Übermut, sondern weil die rituellen Menschen die Überzeugung erlangt haben, daß die Quelle des Lebens aus dem Tod entspringt. Wenn Tod und Leben zusammen sind, ist eine Freisetzung des Lebens möglich, wie sie das Göttliche als Tat im Todesbereich ausführt und im Opferritual im menschlichen Bezirk durch die Tötung nachgestaltet wird.

Die Lebensentbindung, genauer die geistige Erhellung des Lebens durch die jetzt rituelle Tötung, bedeutet die Lebenssteigerung des Menschen. In der rituellen Kulturepoche zeigt sich diese am eindrücklichsten bei den Reifezeremonien, denn sie bedeuten eine neuerliche Geburt des Initianden in eine andersgeartete Existenz. Das Pubertätsritual beinhaltet, wie schon erwähnt, den Wandel vom Leben als Kind zum Leben als erwachsener Mensch. Dabei bekommt der Initiand im Ritual seine Vergänglichkeit zu spüren. Aber mit dieser Erfahrung erlebt er auch, daß er in seiner Begrenztheit das Potential für neues Leben in sich trägt. Das heißt, zur Entpersönlichung während des Initiationsrituals „fügt sich ergänzend die Neugestaltung des Selbst.“ (Gehrts, „Initiation“, S.37) Die Einweihungsriten führen also in den Tod hinein. Der Initiand muß sterben, „um aus dem Ritual wiedergeboren zu werden.“ (ebd., S.30) Die Initiation gewährt einen initiatischen Blick in den Tod und ist zugleich „ein Sprung zurück in das Leben.“ (ebd., S.45)

Dabei verschwistern sich beide Todesvorstellungen auf merk-würdige Weise. Einerseits wird jener

Tod ins Leben geholt, der als das Andere der menschlichen Existenz gilt. Gleichzeitig wird mit der Initiation jener widernatürliche Anfang gesetzt, der nur möglich ist, wenn er aus dem Nichts aufgestellt wird. Dieser Anfang begründet eine neue Daseinsweise, wie sie zum Beispiel in der Reifezeremonie als Erwachsensein ausgedrückt wird.

Auch wenn ein derartiger Einlaß in die Welt der Erwachsenen in der Weise interpretiert werden könnte, daß mit der sich ausbildenden Geschlechtsreife des Heranwachsenden eine durchaus biologische Voraussetzung für ein solches Ereignis vorhanden wäre, ist die Initiation doch in ihrer konkreten Ausführung willkürlich, und somit der Eintritt des Initianden in den Status des vollwertigen Menschseins wie ein Beginn aus dem Nichts. Was der Mensch im natürlichen Werden allmählich erlangt, wird bei der Initiation als augenblicklicher Wechsel dargestellt, sodaß das Vorlaufende (das Sein als Kind) kein sich von selbst ergebender Grund des Nachfolgenden (das Sein als Erwachsener) ist. Der Anfang aus dem Nichts ist somit angedeutet.

Das Pubertätsritual ist eine gewollte Verneinung der bis dahin abgelaufenen kindlichen Existenz. Es ist also auch in diesem Sinne ein Opferritual, denn die Harmonie des Kindes mit seiner Welt wird gezielt preisgegeben für den mit dem Ritual sich ausdehnenden und durch die Erweiterung (der Begegnung mit der Vergänglichkeit) gebrochenen Erkenntnishorizont des – dank dieses Umstandes – er-wachsenen Menschen.

Wenn das Opferritual mit der Hereinnahme des Todes als außermenschliches Fremdes in den Lebenskreis der menschlichen Gemeinschaft zugleich den Tod, der das Nichts bedeutet, zutage bringt, dann liegt es nahe, daß auch bei den Vorstellungen des Göttlichen ähnliche Verknüpfungen festzustellen sind. Befindet sich doch das Göttliche in der rituellen Anschauung gleichermaßen im außermenschlichen Bereich.

Zunächst ist zu bemerken, daß die dort das Leben freisetzende göttliche Tat ebenfalls grundlos ausgeführt ist, genauso wie die rituellen Nachbildungen dieser göttlichen Handlung durch den Menschen. Der Akt der Lebensfreisetzung durch das Göttliche ist die vollständige Verneinung der bis dahin sich selbst genügenden Lebensgegebenheit. Das heißt, die weltschaffende Tat eines Göttlichen ist paradox, weil unbegründet. Sie schafft aus dem herrschenden Nicht-Sein das Da-Sein, klüftet „aus dem Raumlosen den Urraum auf". (Gehrts, „Initiation", S.57)

Vor der welterschaffenden Handlung des Göttlichen kann es für das geistige Wesen nichts geben, auch wenn es ehedem in einem ausschließlich biologischen Zustand vegetiert haben sollte. Doch ist auch diese Feststellung einer vorhergehenden bloß-biologischen Existenzweise nur in der Erstreckung von Bewußt-Sein möglich. Der Mensch als Mensch entsteht demgemäß aus einem willkürlich einsetzenden geistigen Anfang, einer logischen Tötung seines bloß-biologischen Seins, das durch diese erst entsteht.

Daß sich auch in der rituellen Kultur der geistige Raum durch eine lebensbedrohliche Begegnung eröffnet, schildern viele Urmythen. (Ein charakteristisches Motiv für solche Urmythen ist der Drachenkampf, wie beispielsweise die indische Variante, bei der der Gott Indra den Drachen Vṛtra besiegt.) In ihnen wird die Tat des Göttlichen, die das Leben freisetzt, oft als ein Kampf gegen ein Wesen beschrieben, das nicht nur das Leben verborgen hält, sondern es obendrein zu verschlingen vermag. Für das Göttliche ist dieser Kampf also wie schon für den Großwildjäger eine Auseinandersetzung auf Leben und Tod. Einzig im Bestehen des Konfliktes bzw. in dessen siegreicher Überwindung wird der Lebensgewinn erlangt, indem geistiges Licht das nun erkannte vormenschliche Tiersein zum menschlichen Da-Sein wandelt.

Eine geistige Erfahrung entsteht einzig durch den Gegensatz von Erfahrendem und dem, was er erfährt. Dieser Gegensatz benötigt eine Anfangssetzung, wenn er Beständigkeit in den unablässigen Wandlungen des Lebens erhalten soll. Doch diese Anfangssetzung ist nur innerhalb des Gegensatzes ausführbar – auch darin zeigt sich die nicht aufzuhebende Widersprüchlichkeit der Bodenlosigkeit des menschlichen Denkens. Das bedeutet zum Beispiel, erst mit dem geistigen Beginnen stellt sich das Problem der ersten Ursache.

Somit ist auch der Inhalt der Urmythe, bei dem das Göttliche das Leben freisetzt, eine nachträgliche Interpretation. Wie zeigt sich in den Urmythen die Widersprüchlichkeit des fehlenden Grundes eines Beginnens von Bewußt-Sein? Nach ihnen ist die Handlung des Göttlichen vonnöten, um das Leben freizusetzen, das aber schon vorher vorhanden ist, wenn auch im Dunkeln verborgen, von finsteren Mächten bewacht. Das Göttliche hingegen hat keine solche Vorgeschichte, es tritt einfach mit seiner Tat auf. Das heißt, zu „Etwas“ tritt „Nichts“ hinzu, das den Beginn des „Etwas“ begründet. Der Anfang des rituellen Lebens bzw. der Beginn des geistigen Gegensatzes sind demzufolge „ein Nichts, von dem Etwas ausgehen soll … Der Anfang enthält also beides, Sein und Nichts; ist die Einheit von Sein und Nichts, – oder ist Nichtsein, das zugleich Sein, und Sein, das zugleich Nichtsein ist.“ (Hegel, S.73) Genauer gesagt, erst mit dem Anfang sind Sein und Nichtsein unterschieden, indem sich im Anfang „das Sein als ein solches von dem Nichtsein entfernt …, als ein ihm Entgegengesetztes.

Ferner aber ist das, was anfängt, schon; ebenso sehr aber ist es auch noch nicht. Die Entgegengesetzten, Sein und Nichtsein, sind also in ihm [dem Anfang] in unmittelbarer Vereinigung; oder er [der Anfang] ist ihre ununterschiedene Einheit“ (ebd., S.73f.)

Der Anfang ist demzufolge nichts Faktisches, Reales, sondern logisch; er existiert als ununterschiedene Einheit in Beziehung zu Unterschiedenem. Und weil einzig in einem Verhältnis von Gegensätzen ein Anfang sein kann, gründet sich in ihm die Einheit dieser Gegensätzlichkeiten und wird „unter dem Namen ‚Begriff der Einheit des Seins und des Nichtseins‘ vorgestellt, ‚oder in unreflektierter Form‘, Begriff ‚der Einheit des Unterschieden- und des Nichtunterschiedenseins‘… Es wird auch noch der Begriff ‚der Identität und Nichtidentität‘ genannt.“ (Liebrucks „Sprache Bd. 6/1“, S.244) „Im Anfang mit dem Sein …‚entsteht‘ logisch erst die Einheit von Sein und Nichts … [Das heißt, es] darf nicht mit einem Konkreten angefangen werden, das wir als ‚bekannt‘ voraussetzen, weil jedes Konkrete immer schon ‚eine Beziehung innerhalb seiner selbst enthält‘… Der Anfang kann nicht ‚ein Erstes und ein Anderes‘ sein … Der Anfang muß daher ‚ein Nichtanalysierbares‘ sein. Das ist nicht ein Irrationales, sondern der logische Anfang. Aber er muß als logischer einer sein, hinter den nicht zurückgegangen werden kann.“ (ebd., S.245f.) Das Göttliche und seine Tat sind in den Urmythen also deshalb ohne Vorgeschichte, weil sie zusammen der logische Anfang sind.

Dieser läßt nicht nur den menschlichen Lebenskreis, sondern zugleich auch das Phänomen des Todes entstehen, aus dem heraus – nach den Anschauungen des rituellen Menschen – das Leben erwächst. Die Erscheinung des Todes kommt demnach ebenso erst mit dem logischen Anfang zum Vorschein, sie hat nicht eher ein Sein wie das Mensch-Sein selbst.

Das Sein des Todes ist infolgedessen nicht das äußerliche oder reale Andere einer inneren oder biologischen Substanz „Mensch“, es ist vielmehr ein Bestandteil der menschlichen Erkenntnis. In ihr ist der Tod das

Andere des Da-Seins.
Die sich nun für das Bewußt-Sein zeigende Verknüpfung von Leben und Tod wird in den Vorstellungen der schamanischen und rituellen Kultur durch den Zusammenhang von Diesseits und Jenseits dargestellt, was, wie bereits mehrfach ausgeführt, in vielen überlieferten Märchen heute noch nachzuvollziehen ist.

Das Jenseitige vertritt dabei immer die Sphäre des Todes. Durch die Erfahrung mit dem Jenseitsgeschehen erhält das Diesseits eine Intensitätssteigerung, weil auf diese Weise nach Verständnis der rituellen Menschen das Potential der Lebenserschaffung im menschlichen Leben selbst verankert wird. Hier ist also die Auffassung vom Tod als das den menschlichen Lebenskreis umschließende Phänomen vorherrschend.

Gleichwohl ist auch im Märchen die Anschauung des Todes als Nichts erfahrbar. Für die Zurückgebliebenen erscheint beispielsweise das Wiederauftauchen der Märchenhelden nach bestandener Prüfung in jenseitigen Welten oder zumindest in räumlicher Diesseitsferne oft ganz plötzlich und unerwartet, eben wie aus dem Nichts. In manchen Märchen wird es ausdrücklich erwähnt, daß der Märchenheld für die Diesseitigen nach seinem Weggang in weite Fernen für tot oder verschollen gehalten wird. Eine Wiederkehr wird meistens nicht erwartet.

Auch die grundlose Anfangssetzung im Ritual findet im Märchen in der Form seine Entsprechung, daß es sich bei der Erlangung der Königswürde am Schluß des Märchens um keine standesgemäße, also vorhersehbare Erbfolge handelt. Vielmehr kann, wie es schon im vorangegangenen Kapitel aufgezeigt wurde, selbst der sogenannte Dumme die Königskrone bekommen, wenn er nur die Probe der Jenseitsbegegnung besteht. Und erhalten im Märchen doch ein Prinz oder eine Prinzessin die Königsweihe, so müssen sie trotz ihrer Geburt in einem Königshause vorher diese Bedingung der Todesbegegnung erfüllen. Es ist für die Märchendiesseitigen also nicht absehbar, wer ihr künftiger König werden wird, weil dies von Vorgängen im Jenseits abhängt. Die Einsetzung des Märchenkönigs hat keinen ausschließlich diesseitigen Grund und demnach keinen bloß im Diesseits bestimmbaren Anfang.

Wenn bei der rituellen Kultur in der Art von Lebensgewinn gesprochen wird, daß das Vermögen der Lebenserschaffung ins Da-Sein gelangt, so ist damit keineswegs ein biologischer Vorgang gemeint, sondern bedeutet einen gegenüber der Großwildjagd andersgearteten, nämlich gewollten Gewinn der geistigen Dimension. Der Lebensgewinn ist nun die absichtliche Schaffung des logischen Freiraums zwischen Mensch und menschlicher Welt, der einen lebendigen Austausch zwischen diesen beiden Seiten des eine Einheit bildenden Gegensatzes möglich macht.

In diesem Austausch ist der Mensch an-und-für-sich-seiendes Subjekt, das heißt, er ist sowohl an-sich-seiendes Subjekt als sich erfahrendes Sein, als auch für-sich-seiendes Subjekt durch den Selbstbezug auf diese Seinserfahrung. Dieses an-und-für-sich-seiende Subjekt steht seiner an-und-für-sich-seienden Welt gegenüber, die ihm einerseits fremd ist, weil sie Elemente enthält, mit dem das Subjekt sich nicht identisch weiß (sozusagen der „an-sich"-Anteil der Welt), andererseits ist ihm aber die Welt durch den logischen Bezug auch bekannt (der sogenannte „für-sich"-Anteil des Subjektes an der Welt; oder, anders formuliert, die Welt des Subjekts ist dem Subjekt nur über dessen Bewußtseinserfahrung erfaßbar).

Die geistige Ausdehnung im Leben bedeutet keinen Zusatz des Seins, sondern das Wahr-machen desselben. Aus diesem Grund ist logisches Da-Sein oder Bewußt-Sein die Einheit von Nichts und Sein. Das besagt jedoch nicht, daß das Sein unveränderlich sei, die Wandlungen einzig im sogenannten geistigen Nichts geschehen. Im Gegenteil, mit der logischen Erstrekkung entsteht die unaufhörliche Wechselbeziehung der Menschen mit ihrer menschlichen Welt, und somit auch mit dem Phänomen des Todes.

Der rituelle Mensch verräumlicht seine Anschauungen in erster Linie. In dieser Auffassungsweise umschließt der Tod das Da-Sein. Daraus entwickelt sich die Gewißheit, daß nicht nur das Leben aus dem Tod erwächst, sondern nur dort auch enden kann. Einzig dadurch schließt sich der Lebenskreis, der in der rituellen Vorstellungswelt so viele symbolische Parallelen findet – am eindrucksvollsten bei der Bewegung der kosmischen Gestirne. So beschreibt zum Beispiel die Sonne täglich einen Kreis. Sie erhebt sich vom östlichen Horizont, wandert in einem Kreisbogen zur gegenüberliegenden Sichtgrenze, um in die dunkle Todesnacht zu versinken. Aber nur, um am nächsten Morgen im Osten wieder zu neuem Leben zu kommen. In dieser Betrachtungsweise ist die Todesnacht die eine Hälfte der Kreisbewegung, womit die notwendige Verknüpfung von Leben und Tod besonders deutlich hervortritt.

Die Anschauung des rituellen Menschen vom Lebenskreis drückt demgegenüber die Verbindung beider Phänomene in der Form aus, daß der Tod das Dasein umschließt. Aus dem Tod geboren, vollzieht der Mensch einen Existenzkreis, bis er wieder in den Tod, in die Welt der Ahnen, eingeht.

Die Totenwelt, in die der Tote nach ritueller Ansicht am Ende seines Lebens gelangt, ist jedoch keineswegs ein Ort, an dem die diesseitige geistige Individualität weiterexistiert. Eine solche Auffassung entsteht erst in der religiösen Kultur. Der rituelle Mensch hat noch nicht jene dafür notwendige gefestigte Subjektivität, die als das unveränderliche „Ich“ erscheint, das sich frei wähnt von der Welt. Er versteht sich vielmehr als mit der Welt verbunden.

Deswegen ist auch die Vorstellung der Geburt aus dem Tod in der rituellen Kultur nicht mit der der persönlichen Wiedergeburt, die in der religiösen

Kultur weit verbreitet ist, zu vergleichen. Der Tod ist für die rituellen Menschen jene Sphäre, die potentiell das Leben in sich birgt. Aus ihr können wesensähnliche Geschöpfe, wie die vormals in sie Eingegangenen, zum Leben kommen. Doch eine solche Erneuerung des Lebens durch den Tod ist keine individuelle Wiederauferstehung.

Als Einzelerscheinung tritt im Todesbereich in der rituellen Kultur einzig das Göttliche auf, nämlich um das Leben zu entbinden. Diese Befreiung des Lebens ist kein sich von selbst ergebendes Naturgeschehen, sondern eine künstliche Handlung. In diesem Sinne tritt mit der göttlichen Aktion der Lebensentbindung das Menschliche im Tod auf. So hat der Tod einen menschlichen Bereich bekommen. Erst dieser macht eine Überzeugung von einer Welt der Ahnen überhaupt möglich.

Doch weil der Tod in jeder Stufe von Bewußt-Sein das außermenschliche Andere ist und sich so grundsätzlich jeder Durchleuchtung oder gar „Ergreifung“ entzieht, entfernt sich der Mensch bei jeglicher Annäherung an den Tod gleichzeitig von ihm.

Zeigen sich in der rituellen Kultur zwei Vorstellungsweisen vom Tod, wobei die Anschauung des Todes als ein die menschliche Welt umschließendes Phänomen ein Übergewicht hat, so erhält in der religiösen Kultur die Auffassung des Todes als Nichts eine immer größer werdende Bedeutung. Das heißt nicht, daß die Welt der Ahnen völlig verschwindet, sie findet vielmehr zunächst ihre weiterentwickelte Fortsetzung im Glauben an eine persönliche Wiederauferstehung des Sterbenden im Jenseits.

Dennoch ist der Umschwung zu einem vorrangigen Verständnis des Todes als Nichts symptomatisch für die religiöse Kulturstufe. Das kommt am deutlichsten in der Setzung eines völlig unbeweglichen, zum Prinzip erhobenen Anfangspunktes zum Ausdruck. Die mit ihm einhergehende wachsende Bedeutsamkeit des Nichts als Nullpunkt führt zu einer stetigen, wenn auch langsamen Abschwächung der religiösen Jenseitsvorstellungen.

Die Setzung eines fixierten Anfangs in der religiösen Kultur

Die bisherigen Erörterungen über die Phänomene des Göttlichen und des Todes zeigen, daß es sich bei beiden Erscheinungen in ihren verschiedenartigen Gestaltungsweisen um logische Äußerungen von Bewußt-Sein handelt, oder anders ausgedrückt, um spezifische Ergebnisse der Kommunikation des Menschen mit seiner Welt.

Sowohl der Mensch als auch seine Welt treten als geistiger Gegensatz aus Sprachvorgängen hervor und unterliegen Wandlungen entsprechend dem sich entwikkelnden Beziehungsgeflecht dieses Gegensatzpaares. Das führt zu verschiedenartigen Weltbegegnungen und Weltumgängen des Menschen, die bei ihrer Charakterisierung in Kulturpochen eingeteilt werden können.

Zunächst entsteht durch die Tötung des nachträglich als solcher angesehenen bloß-biologischen Zustandes eine geistige Lichtung.

Diese Tötung wird vom Frühzeitmenschen bloß vollbracht, vom Menschen der rituellen Kultur jedoch gewollt durchgeführt, weil er unter anderem das Lebenspotential im Tod verborgen sieht.

Mit dem Opferritual holt der rituelle Mensch dann den Tod in seinen Lebenskreis herein. Dies tut er, weil die schöpferische Lebensfreisetzung, die Lebensentbindung, anfänglich nur durch eine Tat des Göttlichen im Jenseits gelingt, der rituelle Mensch aber eine unüberwindliche Schranke zwischen Diesseits und Jenseits erlebt. Jedoch die göttliche Aktion kann durch die rituelle Darstellung dieser Ursprungshandlung ins Diesseits transportiert werden.

Trotz der erfahrenen elementaren Scheidung bleiben die diesseitigen und die jenseitigen Sphären in der Vorstellungswelt der rituellen Menschen ineinander verschränkt. Fast widerspruchsfrei können sich zum Beispiel die in den Tod versunkenen Phänomene wandeln zu einem wesensähnlichen erneuerten Leben.

Eine Voraussetzung für eine solche Auffassung ist der Persönlichkeitsverlust der Verstorbenen in der Ahnenwelt. Für die Diesseitigen erfahren die Toten sehr schnell eine Entindividualisierung. Diese verhindert letztlich auch, daß das menschliche Leben in Bezug auf den Tod schuldbelastet wirkt, wie das für die religiöse Kultur kennzeichnend ist.

Wie begegnet der Mensch seiner Welt, wenn von religiöser Kultur gesprochen wird?

Die Selbstbehauptung ist das offenkundigste Merkmal des religiösen Menschen. Sie wird zunächst im Kampf gegen die vorlaufende Kulturstufe geübt. Die unversöhnliche Auseinandersetzung mit der rituellen Lebensweise bestimmt die religiöse Epoche vor allem an ihrem Beginn. Sie hilft die eigenen Überzeugungen zu festigen und unterstützt so den weiteren Entwicklungsgang.

Der Kampf gegen die sogenannte heidnische Lebensweise im Christentum ist demgemäß ein grundlegender Charakterzug dieser Religion und hat selbst noch in der Zeit der Entstehung des Protestantismus nichts Konservatives oder Antiquiertes an sich, sondern dient der notwendigen Überwindung der rituellen Kulturformen in der christlichen Religion.

Daß ein neuer Weltumgang immer nur über die konsequente logische Verneinung des alten möglich ist, tritt in der religiösen Kultur offen zutage. Erst wenn die überholte bzw. veraltete menschliche Lebensform negiert ist, das heißt, sie in der neuen Existenzweise keine Wirkung bzw. Wahrheit mehr hat, richtet sich die dann vorherrschende Kulturform gegen sich selbst, gegen ihre eigene Widersprüchlichkeit, treibt sie in eine neue Qualität von Bewußt-Sein.

Weil nun das Göttliche und der Tod Erscheinungen einer Seite des geistigen Gegensatzes sind, dessen andere Seite der Mensch ist und jeder logische Gegensatz grundsätzlich als Einheit der jeweiligen Gegensätzlichkeit existiert, gibt es Veränderungen innerhalb des logischen Gegensatzes immer nur auf beiden Seiten gleichzeitig. Das heißt, die Selbstbehauptung der religiösen Menschen gegenüber der rituellen und damit auch ihrer eigenen Welt bedeutet zugleich eine Wandlung des Erscheinens des Göttlichen und des Todes für den Menschen. Das Göttliche und der Tod erhalten wie der Mensch eine größere Autonomie gegenüber ihren jeweiligen Gegensätzen. Alle drei Phänomene emanzipieren sich beispielsweise gegeneinander.

Das Verselbständigungsverlangen der religiösen Menschen gegenüber ihrer Welt führt zum Ausschluß alles des Menschen Jenseitigen. Infolgedessen ist am Ende dieser Entwicklung das Jenseits ins Diesseits eingekehrt, und zwar in der Weise, daß der Mensch seine eigentlich diesseitige Welt als jenseitige sieht. Einzig das Göttliche und der Tod bleiben zunächst ein diesseitsfernes Jenseits.

Die Autonomie gegenüber dem diesseitigen Jenseits ist nur durch eine zweifache Verneinung zu entwickeln. Mit der ersten Verneinung (des bloßbiologischen Seins) entsteht die geistige Lichtung, später der erleuchtete Lebenskreis. Demgemäß ist die zweite Negation nur durch die erste Negation möglich, oder anders gesagt: die zweite Verneinung setzt die erste voraus. Zunächst muß das menschliche Da-Sein geschaffen sein, ehe sich innerhalb von Da-Sein die Selbstbehauptung von einzelnen Erscheinungen verwirklichen kann.

Durch ein derartiges Bestreben nach Selbstbehauptung ist für den Menschen ein neuer logischer Standpunkt entstanden. Er erfährt sich nun in Bezug auf seine Welt als ein eigen-ständiges „Ich“.

In den ersten beiden Kulturstufen „war das Andere seinem Status nach einfach nur das Andere … Es war ein einfaches Gegenüber, eine einfache Andersheit, so wie die von Mann und Frau oder wie Ausländer und Einheimische. Das Andere war noch nicht in seiner Andersheit ausdrücklich gesetzt und damit aus dem einfachen Gegenüber herausgesetzt worden.“ (Giegerich, „Animus-Psychologie“, S.204)

Das führt nun aber das sich selbst behauptende „Ich“ aus, indem es seine Welt eindeutig und entschieden als „Nicht-Ich“ betrachtet. Das hat zur Folge, daß eine solche Welt für das „Ich“ eine fremde wird. Der religiöse Mensch steht somit logisch außerhalb seiner Welt und nennt diese, eben weil sie abseits seiner selbst ist, Außenwelt oder Realität. Die Realität ist also „nicht einfach die Wirklichkeit, wie sie schlechterdings ist. Ja, das ist sie gerade nicht. Sie ist die Welt und das Geschehen, wie sie erscheinen, wenn sie aus dem Blickwinkel des Ichs, also von außen, von einem äußeren Standpunkt aus und als nur noch positive gesehen werden.“ (ebd., S.208)

In einer solchen Konstellation von Bewußt-Sein, steht dem „Ich“, das sich als Subjekt begreift, seine „Nicht-Ich-Welt“ gegenüber, die objektiv in dem Sinne ist, daß sie nichts Subjektives an sich hat. Die Welt wird so logisch zu einer objektiven Gegen-stands-Welt, zu der das menschliche Subjekt einzig durch seine „Ich“-Bezogenheit auf sie eine Verbindung hat.

Für das einzelne „Ich“ wird selbst der Mitmensch

zum realen Objekt, den es zwar sehen, betasten, riechen oder fühlen kann, jedoch scheinbar genauso gut beziehungslos zu diesem anderen Objekt, das sich ebenfalls als „Ich“ versteht, bestehen könnte. Das bedeutet, das vereinzelte „Ich“ ist überzeugt davon, auch ohne das „Nicht-Ich“ und ebenso ohne die anderen Menschen weiter existieren zu können.

In der schamanischen und in der rituellen Kulturepoche sind das Göttliche und der Tod jenseitige Erscheinungen. Sie bleiben es auch in der religiösen Kultur, und zwar in einer Form des Jenseitigen, das seinen Gegensatz in der Welt hat, in der der Mensch eingebunden ist. Denn der existierende Mensch bleibt auch als „Ich“ eine weltliche Erscheinung, nämlich als Naturwesen. Die logischen (oder, psychologisch gesprochen, die seelischen) Phänomene des Göttlichen und des Todes sind hingegen nicht in diesem Sinne von der Natur gegeben. Deshalb entschwinden sie dem Menschen in für ihn unerreichbare Zonen, wenn er diesen Unterschied erfährt.

Aus diesem Grund ist in vielen Religionen die göttliche Macht auf die schöpferische Anfangstat beschränkt. In der Folge dieses göttlichen Beginnens existiert schließlich nur noch die Hoffnung des Menschen, daß die göttliche Kraft in das Geschehen des menschlichen Da-Seins hineinwirkt.

Diese Erfahrung der Herauslösung des Göttlichen aus dem gesamten menschlichen Lebenshorizont geschieht freilich ganz allmählich. Beispielsweise greift in den Geschichten des Alten Testamentes der Gott noch durchaus direkt in das weltliche Schicksal seiner Gläubigen ein. Der Gott des Neuen Testamentes hat dann aber nur noch über seinen Sohn Kontakt zum diesseitigen Menschen.

Die Charakteristik der unerreichbaren Entfernung des Göttlichen vom Menschen muß dann auch, wenn sie für die religiöse Kultur gilt, bei den in dieser Epoche vorherrschenden Anschauungen von Zeit und Raum abzulesen sein.

Der religiöse Mensch hat in seiner Vorstellung die zyklische Zeit des rituellen Lebenskreises „aufgebogen, an ihre Stelle ist die erstreckte getreten …" (Gehrts, „Weltenbaum", S.55) „Der Kreis wird zertrümmert, … alle Gebilde erbleichen und entleeren sich, – was allein bleibt, ist der Einzelne und seine ganze persönliche religio, seine Bindung an das allerletzte Sinngebende, den letzten, höchsten, einzigen Gott, in ihm findet er die letztmögliche Geborgenheit." (ebd., S.51f.)

Im Da-Sein kann es nun für den Menschen keine erfüllende Obhut mehr geben, weil mit einer gestreckten Zeit seine Gegenwart aufgebrochen ist, einerseits zu einem festen gegenwartsfernen Anfangspunkt und anderseits zu einer Zukunft, die entweder paradiesische Vision ist oder dem Tod als Nichts verfällt.

Deswegen sind zum Beispiel Beschreibungen des christlichen Gottes als Ewiger oder Unendlicher nicht

Bezeichnungen für die unabhängig von den weltlichen Wandlungen beständige und eventuell auch erfaßbare Anwesenheit des Göttlichen, sondern Kennzeichnungen für die vom religiösen Menschen nicht zu überschauende und darum nicht zu überwindende Entfernung zum Göttlichen.

Wenn der Kreis der sich rhythmisch erneuernden Lebenszeit aufgebogen ist, bedeutet das auch, daß sich das Jahr nicht wiederbelebt, wie es beispielsweise viele Neujahrsriten zum Ausdruck bringen. Vielmehr folgen in der religiösen Kultur „aufeinander Jahre und Jahre – eine Katastrophe von unabsehlichen Ausmaßen. Auf dem Plan des Zeiterlebens bedeutete der rituelle Jahreskreis für den Menschen seine eigentliche Geborgenheit, seine Heimat. Ritus ist temporale Heimat, und das Beheimatetsein in der Zeit ist für die seelische Gesundheit noch ungleich wichtiger als der heimatliche Raum. Im Urzeitfest verbindet der Ritus mit der Wurzel der Zeit, im Jahreskreis mit ihrem Ewigkeitsbilde. Später beheimatet Zeit den Menschen nicht mehr, und von diesem Verlust her datiert seine Unbehaustheit auf dieser Erde. Vielerlei weitere Verluste hängen mit diesem zusammen.“ (Gehrts, „Märchen“, S.19)

Kurzum, in der gestreckten Zeit führt der Ausgang des Lebens nicht mehr zu einem neuerlichen Eingang. Damit wird die Lebenszeit endlich, das heißt, begrenzt „und enthält zwischen den Grenzen ausgezeichnete Punkte.“ (ebd., S.21)

Wie zeigt sich diese Begrenzung? Zunächst in einer voraussetzungslosen Anfangssetzung. Es ist zwar wiederum eine göttliche Tat, die das Da-Sein erzeugt, jedoch dieses menschliche Leben entsteht nun vollständig aus Nichts. Die jungfräulichen Geburten von Heiligen der religiösen Kulturen sollen beispielsweise verdeutlichen, daß vor ihrer Entstehung nichts Menschliches oder gar Natürliches geschehen ist, das mit ihrem Erscheinen im Zusammenhang steht.

Die Urmythe der rituellen Gemeinschaft setzt noch einen Ausgangszustand voraus, nämlich das im Verborgenen liegende und dort gebundene Leben. Das Widersprüchliche dabei ist das fehlende Motiv für die göttliche Lebensfreisetzung.

Eine solche Grundlosigkeit der göttlichen Schöpfungstat ist in der religiösen Kultur in jeder Hinsicht, denn nun ist auch das Leben vor der göttlichen Ursprungshandlung nicht gegeben. Somit wird der logische Widerspruch auf die Spitze getrieben, das heißt, zur völligen Klarheit.

„Im Anfang war das Wort…“ heißt es in der Genesis des Alten Testamentes. Folglich war ein solches Beginnen Sprache, also Bewußt-Sein. Demgemäß hat es ein vorheriges bewußtseinfreies Sein nicht gegeben. Dieses ist ja auch wirklich eine Phantasie von Bewußt-Sein, in der der gegenwärtige Mensch für seine Vergangenheit eine vom Bewußt-Sein freie Zeit annimmt, ohne sie je erfahren zu haben bzw. sie je erfahren zu können. Bewußt-Sein hat einzig und allein ein Sein, dessen es sich bewußt ist, oder beides, Sein und dessen sich Bewußt-Sein, sind überhaupt nicht.

Der Charakter der plötzlichen und voraussetzungslosen göttlichen Welterschaffung in der jüdisch-christlichen Religion ist selbst heute noch im abendländischen Alltagsleben in einzelnen Verhaltensweisen widergespiegelt. Ein sehr prägnantes Beispiel dafür ist die Auffassung vom Geburtstag. Die jährlichen Feierlichkeiten zu diesem Anlaß bedeuten die wiederholte Fixierung der beginnenden sichtbaren Existenz des Einzelnen in der Welt. Dabei wird der vorlaufende biologische Prozeß der Lebensentstehung ausgeblendet. Nicht die Befruchtung im Mutterleib bildet den Anfangspunkt des Lebens, sondern die Entbindung des Kindes von der Mutter wird als zur Welt kommen verstanden. Erst das greifbare Erscheinen des menschlichen Wesens wird als Lebensbeginn angesehen, als wenn es vorher keine Lebensentwicklung gäbe.

Die Bewertung solcher Ereignisse wird also nicht an natürlichen Vorgängen ausgerichtet, sondern an speziellen geistigen Interessen der Menschen. Aus diesem Grund entsteht zum Beispiel heutzutage ein Diskussionsbedarf über den Schutz des wachsenden menschlichen Lebens im Mutterleib. Doch die Auseinandersetzungen zu diesem Thema führen bislang zu keinen Lösungen, weil ein Hauptbeweggrund der Beurteilung dieses Sachverhaltes nicht begriffen ist, daß sich nämlich die vorgeburtlichen Zustände allein auf das spätere menschliche Wesen beziehen, also nicht auf das naturbedingte Ereignis einer Existenz von einem Embryo, sondern auf seine Menschwerdung. Mit einer solchen Einsicht würde zumindest das Niveau der bloßen Konfrontation von Moralgrundsätzen verlassen werden, auf dem bisher der Meinungsstreit geführt wird.

Wenn in der religiösen Kultur der Tag der Geburt und die Jahrestage dieses Ereignisses wichtige Meilensteine auf dem persönlichen Lebensweg eines Menschen sind, so gilt das in gleichem Maße für den Endpunkt des menschlichen Da-Seins, den Todestag. Dabei hat der Abschluß des Lebens für den religiösen Menschen denselben Charakter wie der Beginn: die Begegnung mit Nichts. Eine solche Parallele von Anfang und Ende ist eine geistige Einsicht und keineswegs eine Lebenserfahrung. Diese kann für den Anfang lediglich ein langsames zum Bewußt-Sein kommen feststellen, und das Ende des menschlichen Lebens wird nie eine Erfahrung werden, sondern es bildet vielmehr den Abschluß jeglicher Erfahrung.

Am Beginn des religiösen Lebens und am Schluß des individuellen religiösen Da-Seins ist also Nichts, woraus sich die Endlichkeit der nun gestreckten Zeit ergibt.

In der religiösen Kulturstufe ist anfänglich jedoch das Bedürfnis und demnach das Verlangen nach einer Umgrenzung oder Umhegung der zeitlichen Strecke da, welche nach dem Aufbruch der kreisenden Zeit verloren ging. „Das was am Zeitgürtel Kreis war und insofern grenzenlos, war ja erlebt gewesen und konnte nicht sogleich ausfallen.“ (Gehrts, „Märchen“, S.21) Die fehlende Umgrenzung wird wiederhergestellt mit „der Vorstellung der Ewigkeit, freilich nicht einer zeiteignen, unmittelbar erlebten, sondern einer die Zeit von außen umschließenden, nicht eigentlich welthaften und daher nur hinzugedachten, hinzugeglaubten Ewigkeit.“ (ebd.) Diese von der Lebenswelt getrennte Ewigkeit ist jetzt demzufolge auch für das Göttliche symptomatisch, es kommt mit dem diesseitigen Leben unmittelbar nicht mehr in Berührung.

Gleichermaßen ist die religiöse Ahnenwelt charakterisiert. Sie ist ebenfalls vollständig vom Diesseits abgekoppelt. Die Sorge um die Toten durch die Lebenden bekommt eben deswegen einen einseitigen Richtungssinn. Die im Diesseits Gebliebenen begleiten den Weg des Toten mit Gebeten für eine Aufnahme des Verstorbenen in die Totenwelt. Das geschieht ausschließlich im Interesse des Dahingegangenen. Die Trauernden erwarten keineswegs aus ihrer Handlung eine jenseitige Rückwirkung auf die weltlichen Geschicke.

Für die Menschen der religiösen Kultur gibt es also zunächst durchaus noch eine Totenwelt, in die die Verstorbenen eintreten. Allerdings ist sie für die Lebenden ebenso unerreichbar fern wie das Göttliche.

In gleicher Weise wie das Göttliche und das Totenreich vom Diesseits abgetrennt sind, ist die religiöse Persönlichkeit als autonomes „Ich“ gegenüber ihrer erlebten Welt emanzipiert. Logisch ist dieses „Ich“ von der Welt befreit, es hat zu ihr lediglich noch eine, naturwissenschaftlich gesprochen, biologische Bindung.

Das von seiner Welt weitgehend freie „Ich“ kann so für sich zu einem festen, unerschütterlichen Bezugspunkt werden, von dem aus es die dann fremde Welt, unabhängig von deren Veränderungen, betrachten kann. Dieser annähernd gleichbleibende Ausgangspunkt ist für den Menschen zudem Voraussetzung, um in die Welt mit seinem Eigenwillen einzugreifen.

Die geistige Verfassung eines weitgehend außerweltlichen Bezuges des „Ichs“ auf seine Welt führt zu einer Vereinzelung des Menschen. Und da das Göttliche das menschlich Andere des Menschen innerhalb von Bewußt-Sein ist, tritt es demgemäß nun dem „Ich“ als der einzelne und einzige Gott gegenüber. In dem Maße wie sich das „Ich“ von seiner Welt löst, wächst auch die Entfernung des einen Gottes vom weltgebundenen „Ich“.

Auch aus diesen Gründen gestaltet sich der Gegensatz von Mensch und Gott im Laufe der Entwicklung der religiösen Kultur zu einem individuellen Gespräch in Form des persönlichen Gebetes. Dadurch verliert der Kontaktversuch mit dem Göttlichen immer mehr den von einer Gemeinschaft geprägten rituellen Charakter, er wird vielmehr abstrakter. Die bildlichen Vorstellungen vom Göttlichen werden durch geistige Symbolik ersetzt. Der Inhalt von Predigten und Gebeten gewinnt an Bedeutung gegenüber festlich begangenen religiösen Handlungen.

Eine Eigenheit der religiösen Kulturstufe ist der Zweifel an der Wirklichkeit des Göttlichen. Dieser ist in der schamanischen und in der rituellen Kultur nicht zu finden.

Einer solchen Skepsis ist das „Ich" auch selbst ausgesetzt. Ein Grund für das Infragestellen der Wirklichkeit des „Ichs" liegt in der Abhängigkeit des „Ichs" von seiner natürlichen Gegebenheit, die auch nach der logischen Trennung voneinander bestehen bleibt. Beide Seiten, das „Ich" und sein biologisches Geschehen, sind für den Menschen in seinem Da-Sein nur gleichzeitig vorhanden. Doch die biologische Seite unterliegt ständiger Veränderung und ist zudem vergänglich. Die Unerschütterlichkeit des „Ichs", mit dem es einen festen Halt in seiner Existenz bekommt, also seine eindeutige und dauerhafte Selbstfixierung, ist nur in Bezug auf das geistig erfahrene natürliche Geschehen möglich. Somit bleibt eben das „Ich" an die sich verändernden Weltereignisse gebunden und ist schlußendlich dem Tod in gleicher Weise ausgesetzt wie sein Körper. Stirbt das biologische Einzelwesen, verschwindet nicht nur im selben Moment dieses „Ich", sondern ebenso sein logisch Anderes, die menschliche Welt und das Göttliche.

Diese sich entwickelnde Einsicht begründet letztlich die wachsende Bedeutung der Todesauffassung als Nichts. Zunächst ist es noch eine Ahnung, daß Bewußt-Sein im Tod zu Nichts wird. Individuelle Erfahrungen des Menschen, wie traumloser Schlaf oder zeitweilige Bewußtlosigkeit, bestätigen sie ihm jedoch, bzw. lassen die Möglichkeit des Verlustes der auf ein spezielles „Ich“ bezogenen Welterfahrung wahrscheinlich werden.

Die Anschauung, daß am Ende des menschlichen Da-Seins dieses zu Nichts wird, entspricht der religiösen Vorstellung vom Beginn des Lebens aus Nichts. Mit beiden Erkenntnissen wird der religiöse Mensch schließlich konfrontiert, ob er das persönlich wahrhaben will oder nicht. Denn Kultur ist keine Erscheinung, die einer beliebigen Gestaltung durch ihre Träger unterliegt. Kultur formt ihre Träger vielmehr im selben Maße, wie sie von ihnen geprägt wird.

Wenn der religiöse Mensch sein Leben umgeben sieht von Nichts, so scheint es, als würde er an die rituelle Auffassung vom Lebenskreis anknüpfen, bei der seine Existenz am Schluß wieder in jenen Zustand mündet, aus dem sie hergekommen ist. Jedoch eine solche Übereinstimmung setzt voraus, daß das Nichts als etwas Substantielles aufgefaßt würde. Doch Nichts bedeutet, daß keine Feststellung bzw. Positivierung möglich ist. Es ist die Bezeichnung für das nicht zu Bezeichnende, und die ausnahmslose Verneinung zu jeglicher Beziehung ist die einzige Beziehung.

In der rituellen Kultur wird der menschliche Lebenskreis vom nichtmenschlichen Raum unterschieden, der sehr wohl in das Da-Sein des rituellen Menschen hineinwirkt. In der religiösen Kultur hingegen herrscht der lebensferne Bereich vornehmlich in der Auslöschung von jeglichem Wirken.

Demgemäß besitzt der religiöse Mensch keine Erfahrung von einem Lebenskreis. Für ihn hebt die Existenz aus Nichts an. Der Anfang gleicht dem mathematischen Nullpunkt, von dem aus die Zahlenreihe beginnt. In diesem Sinne könnte das persönliche Da-Sein gleichermaßen als Zeitstrecke verstanden werden, die dann mit dem individuellen Lebensende einen finalen Nullpunkt erhält.

Dieser Nullpunkt eröffnet aber eine Möglichkeit, die Erschütterung einer Gewißheit der abschließenden Verfallenheit in Nichts zumindest abzuschwächen. Denn mit den Grenzpunkten der Zeitstrecke ist „auch zweierlei anderes gesetzt, das es so in der kreisenden Zeit nicht geben konnte, unwiederbringlich Vergangenes und undurchschaubar Künftiges." (Gehrts, „Märchen", S.21)

Gerade die nebulöse Zukunft schafft den Raum für den religiösen Geist, um jene Toten- und Ahnenwelt aus der rituellen Kultur in die religiöse zu überführen. Sie lebt zum Beispiel in der paradiesischen Auferstehungsvision des Christentums weiter. Bei dieser mythischen Vorstellung zeigt sich wieder eine Art Lebenskreis, denn in der biblischen Geschichte wird das beginnende Erdenleben als ein Ausstoß aus dem Paradies beschrieben, in das der Mensch nach christlicher Vollendung wieder einkehren kann.

Wie kommt nun aber neben der Anschauung von einem ursprünglichen Paradies die Lebensentstehung aus Nichts als wesentliches Merkmal der religiösen

Kultur zur Geltung? Das geschieht durch eine zeitliche Verschiebung. Die eigentlich das Leben entstehen lassende göttliche Tat aus Nichts wird vor das Existieren des Paradieses gelegt. Die paradiesische Existenz ist dann sozusagen die erste Lebensphase, in der der Mensch (ähnlich dem der schamanischen Kultur) noch widerspruchsfrei in seiner Welt lebt. Dieses in religiösem Sinne unschuldige Leben wird im christlichen Denken sowohl zeitlich als auch räumlich vom Da-Sein getrennt, sodaß es zwischen dem paradiesischen Sein und der menschlichen Existenz auf der Erde keinerlei Verbindungen gibt. Aus der jeweiligen gegenwärtigen Betrachtung des christlichen Menschen ist das paradiesische Sein etwas unwiderruflich Vergangenes und etwas zukünftig Mögliches.

Das Erdenleben des christlichen Menschen beginnt also erst mit dem sogenannten Sündenfall, nämlich der Erkenntnis der unüberwindlichen Trennung sowohl zwischen dem „Ich" und dem Göttlichen als auch zwischen dem „Ich" und seiner Welt. So findet sich der Mensch auf der Erde als einsames Einzelwesen wieder und spiegelt sich als solches mit dem im Paradies verbleibenden Göttlichen, das nun das Allgemeine der Vereinzelung verkörpert, sprich als der einzige Gott der allgemeingültige Bezug für jeden einzelnen Menschen ist.

Weil das Göttliche im Paradies verbleibt, verfällt es in keiner Phase der Entwicklung von religiösem Bewußt-Sein dem Tod als Nichts. Es ist so das menschliche Andere, das nicht im Tod als Nichts seine Stätte hat, denn dann gäbe es das Göttliche nicht mehr. Das menschlich Andere existiert vielmehr in einer menschlichen Totenwelt bzw., genauer bezeichnet, in einer Über-lebenswelt.

Daß der christliche Mensch von einer Vertreibung aus dem Paradies spricht, also letztlich ein wertendes Urteil an dieses Ereignis knüpft, zeigt zudem, daß er auf dem Weg ist zu begreifen, daß sein Schicksal von ihm zwar nicht überschaut und somit vollständig beherrscht werden kann, jedoch trotzdem die Folge seiner Taten oder seiner Unterlassungen ist.

Da die eigentliche christliche Erfüllung entweder in der unwiederbringlichen Vergangenheit gewesen ist oder möglicherweise in der dunklen Zukunft sein wird, erhält der Mensch eine weitere bis dahin nicht gekannte Erfahrung: die eines sinnentleerten Da-Seins. Denn die Gegenwart wird durch die beiden anderen das Leben dominierenden Zeitdimensionen entleert. Die Gegenwart zeigt sich als ungenügend, als „Widerpart zum Eigentlichen, Gewünschten oder gar Gesollten. Die … [Gegenwart] bringt keine Erfüllung, sondern Leiden und belastet sogar, als Trägerin der Versuchung, mit der alle Lebenslust verneinenden Fron der Überwindung.“ (Gehrts, „Märchen“, S.21f.)

Die Auffassung eines sinnentleerten menschlichen Da-Seins ist indes auch ein Erweis dafür, daß das religiöse Bewußt-Sein sich immer mehr in seiner eigenen Widersprüchlichkeit verfängt. Denn Lebenssinn ist nicht etwas, was nachträglich hinzukommen muß, vielmehr ist es im Da-Sein immer schon vorhanden. Und der Mensch strebt ja auch in jeder seiner aktuellen Lebenssituationen danach, seine Existenz umfassend zu erleben, also im Ganzen zu erfüllen. Gelingt ihm das nicht, entsteht das Empfinden des Unbehagens, das den Menschen schließlich dazu bringt, seine Existenzweise oder das Leben überhaupt in Frage zu stellen.

Eine erfahrene Sinnlosigkeit des Da-Seins ist also ein Anzeichen für eine geistige Krise. Sie muß schlußendlich überwunden werden, will der Mensch seiner Lebenssituation gerecht werden. Die Lösung jeglicher geistigen Bedrängnis erschließt sich einzig durch Erkenntniserweiterung, die gleichzusetzen ist mit Einsichtsvertiefung.

Gleichwohl braucht eine geistige Krise, die einen großen Teil der Menschheit betrifft, eine lange Phase der Bewältigung. Einsetzende Veränderungen der Erkenntnisfähigkeiten in einer solchen Dimension können also durchaus eine Spanne von Jahrhunderten, manchmal sogar Jahrtausenden haben. Sie finden in der vorherrschenden Kulturepoche nicht immer ihren Abschluß.

So sind beispielsweise die christlichen Paradiesvorstellungen selbst in der technischen Zivilisation noch bedeutungsvoll, wenn auch in recht eingeschränktem Maße. Denn schon in der Fortentwicklung der christlichen Kultur setzt sich immer mehr die Vorstellung vom Tod als Nichts durch. Sie bestimmt schließlich viele Handlungsweisen des Gegenwartsmenschen.

Im Grunde wird diese Todesauffassung gefördert durch die wachsende Bedeutsamkeit der Vorstellung vom Menschen als isoliertes „Ich“. In einer solchen Auffassung vom individuellen Mensch-Sein, geißelt „das Sterbenmüssen als das eine unausweichliche Ereignis der Zukunft.“ (Gehrts, „Märchen“, S.22) Und der Mensch versteht dieses als einen Zwang, weil es nicht der Beginn von etwas Neuem bedeutet, sondern das Ende von allem, was mit seiner Einzelpersönlichkeit zu tun hat.

Während die Menschen der rituellen Kultur vornehmlich raumbezogen denken, rückt also in der religiösen Kultur das Phänomen der Zeit in den Mittelpunkt. Sie ist einer der wesentlichen Bestimmungselemente dieser Kulturepoche. Die dabei festgestellte Entwertung des augenblicklichen Lebens durch die Zeitdimensionen der Vergangenheit und der Zukunft, die die Jetztzeit und somit das Diesseits unerfüllt scheinen läßt und demzufolge für den Menschen zum Leidensstadium wird, ist nicht nur auf die christliche Form der religiösen Kultur beschränkt. Auch in anderen Religionen ist das erkennbar, besonders noch „im Buddhismus, und zwar in dem ältest-faßbaren, dem Hinãyãna-Buddhismus. Das zeitliche Leben selbst ist eindeutig zum Leiden geworden, aus dem man sich mit aller Kraft zurückzuziehen sucht. Der Rückzug ist um so schwieriger, als die eine Lebensspanne dazu nicht ausreicht, sondern die vom Leiden erfüllte, ansonsten leere Zeit ist in Gestalt der Wiedergeburtslehre auf viele Leben ausgestreckt. Ganz sicher ist diese Art der Wiedergeburtslehre ein Bestandteil der religiösen Kultur und erst mit dieser vor rund 2500 Jahren aufgekommen. Sie meint nicht zyklische Wiedergeburt, sondern erzwungene Wiederkehr in völlig fremden Zeitabschnitten und Lebensformen.“ (Gehrts, „Märchen“, S.22)

Insoweit erhält die aktuelle Lebenswelt des religiösen Menschen nur noch Bedeutung in Bezug auf ihre Überwindung. Auch darin drückt sich die erlangte logische Distanz des religiösen Menschen zu seiner Welt aus. Sie bezeichnet den Grad der Freiheit und zugleich der Fremdheit gegenüber seiner Welt.

Eine solche fernstehende Welt präsentiert sich dem Menschen, der sich als Einzelwesen versteht, als eine Vielheit von Einzelerscheinungen, die ihm Gegenstände (Gegenüberstehendes) werden. Weil diese Dinge nun dem Menschen gegenüber stehen, sind sie in der sich eigentlich ständig bewegenden Welt stillgestellt – zumindest der Teil der Phänomene, der vom Menschen zum geistigen Stillstand gebracht werden kann. In dieser Begegnung mit dem stillgestellten Gegenstand erfährt sich der Mensch daraufhin, bzw. gleichzeitig, selbst als einen Gegenstand und kehrt als Gegenstand unter Gegenständen in seine Welt zurück. Mit ihr bleibt er also ungeachtet des logischen Abstandes verbunden; zum einen, weil sie der logische Bezugspunkt für ihn sein muß, und zum anderen, weil er als biologisches Wesen weiterhin eine Welterscheinung ist.

Diese nun entstandene Gegenstandswelt gibt dem Menschen unter anderem die Möglichkeit in die Hand, die sich ihm aufzeigenden Gegenstände zu gestalten, das heißt, nach seinem Willen zu verändern. Er wird zu einem Gestalter einer vom Göttlichen gegebenen Welt; übernimmt schließlich im Laufe der Geschichte der religiösen Kultur die Rolle eines diesseitigen Schöpfers, indem er die Welt nach seinen Vorstellungen bearbeitet. Letzteres wird erst in der Kulturstufe deutlich sichtbar, die der religiösen folgt. Aber die Wurzeln dieses Entwicklungsganges liegen in der religiösen Kultur.

Anfänglich konzentriert sich diese vom Menschen gewollte Veränderung der Welt auf überdimensionale religiöse Symbolgegenstände. Die religiösen Prunkbauten ersetzen das Mal, mit dem in der rituellen Kultur die Mitte der menschlichen Lebenswelt platziert wird. Diese Pyramiden, Tempel oder Kirchen sind auch keine Verknüpfungsbausteine mehr, die einen Zusammenhang zwischen dem Diesseits und dem Jenseits herstellen, wie noch der Weltenbaum in der schamanischen Kultur. Sie zeigen vielmehr in ihrer Umgebung vornehmlich einen Charakter der Vereinzelung – wie das religiöse „Ich“ in seiner Welt einsam ist. Religiöse Bauten ragen aus ihrem Umland heraus. Und verweilt der Mensch in ihnen, ist er ebenfalls seiner diesseitigen Welt enthoben. Noch heute sucht er in ihnen Schutz oder Trost vor den Unbilden seiner Welt, denen er mit wachsender logischer Distanz zu ihnen immer feindlicher gegenüber steht.

Doch der Gestaltungsdrang des Menschen bleibt nicht auf religiöse Bauten beschränkt. Mit der Zeit gibt er auch der profanen Welt ein stärkeres menschliches Gepräge. Es entstehen Städte und in ihnen Handwerk und Industrie. Straßen verbinden die Städte und später durchzieht ein ganzes Netz von Schienensträngen die Landschaft. Die bäuerliche Feld- und Viehwirtschaft wandelt sich von der bloßen Ausnutzung vorhandener Bedingungen zum aktiven Eingriff in naturgegebene Abläufe. Die gezielte Zucht von Getreidesorten und von sogenannten Nutztieren mit speziellen Eigenschaften ist das finale Ergebnis dieses Umbruchs und leitet über zur Gentechnologie, die einen völlig neuen Handlungsspielraum des Menschen eröffnet. Mit der Entdeckung des Erbmaterials und dem darauf folgenden direkten Eingriff in dieses wird der Mensch vollends zum Schöpfer des Diesseits und läßt Leben nach seinen geistigen Vorstellungen entstehen.

Wenn das Göttliche in der religiösen Kultur wie schon in der schamanischen und rituellen Kultur das menschlich Andere des Menschen darstellt, so offenbart auch der religiöse Glaube an das Göttliche die Gewißheit, daß das göttliche Jenseits zum Da-Sein gehört. Das Göttliche ist das göttliche Spiegelbild des Menschen.

Der letzte Satz darf nicht als reale Spiegelung verstanden werden, etwa wie die Betrachtung des Spiegelbildes in einem tatsächlichen Spiegel. Denn es handelt sich bei der Wirklichkeit der Erfahrung des Göttlichen um einen logischen Vorgang. Das Göttliche ist logisches Etwas, also keine Positivität in der Art und Weise, daß es sinnlich erfaßbar oder gar in der Tat greifbar wäre. Es ist in Verbindung mit dem Menschen Wirklichkeit von Bewußt-Sein. Die gegensätzliche Einheit des Göttlichen und des Menschen bezeugt die geistige Dimension des biologischen Wesens, das durch die Begegnung mit dem Göttlichen Mensch geworden ist. Demzufolge ist das Göttliche, als logisches Spiegelbild des Menschen, ein Kommentar, den sich der Mensch von sich selbst als erkennendes biologisches Wesen gibt. Wie auch umgekehrt der Mensch ein Ergebnis der göttlichen Spiegelung ist. Im jüdisch-christlichen Glauben heißt das: Gott hat den Menschen nach seinem Bilde erschaffen.

Das Göttliche ist also die eine Seite des Gegensatzes der Menschwerdung. Der Mensch ist die andere Seite. Die Menschwerdung bedeutet, daß der Mensch sich aus seiner tierischen Eingebundenheit in das Leben herausgelöst und einen logischen Abstand zu sich selbst erlangt hat. Es entsteht eine geistige Ausdehnung, in der der Mensch zum Beispiel zwischen sich selbst als Diesseits und dem Göttlichen als sein Jenseits zu unterscheiden vermag. Das Diesseits kann aber auch die biologische Voraussetzung des Menschen sein, dessen jenseitiger Gegensatz sein Blick von außen (außerhalb seiner Biologie) auf seine Biologie ist.

Kurzum, das Göttliche ist für den Menschen in keinem Augenblick außerhalb der Dimension von Bewußt-Sein, obwohl es für den religiösen Menschen in unerreichbarer Ferne existiert. Hier zeigt sich das gewaltige Ausmaß der logischen Erstreckung in der religiösen Kultur, die die Menschen befähigt, sich von der unmittelbaren Erfahrung der eigenen Existenz weit zu entfernen.

Das Göttliche und der Mensch stellen somit die Einheit von Bewußt-Sein dar. Weil aber diese Einheit nur dank des Gegensatzes von Mensch und Göttlichem besteht, ist diese Einheit genauer gesagt eine, die zugleich sowohl die Einheit des Gegensatzes als auch die Gegensätzlichkeit des Gegensatzes wiedergibt.

Das Denken, das sich der Einheit der Einheit und Gegensätzlichkeit seiner Gegensätze bewußt ist, nannte Hegel das des absoluten Geistes. In diesem ist das Göttliche oder die Welt eine Seite des geistigen Gegensatzes. Die andere ist der Denkende. Das bedeutet, die logische Bewegung zwischen dem Denkenden und dem Göttlichen oder der Welt, bei der der Denkende zudem die wechselseitige Abhängigkeit der beiden Gegensatzteile erkennt, ist absoluter Geist.

Für die religiösen und selbst noch für die modernen Menschen ist der absolute Geist noch weitestgehend unbegriffen, weil sie es über viele Jahrhunderte hinweg gelernt und eingeübt haben, ihre Welt (sich als Welterscheinung eingeschlossen) getrennt von sich als „Ich“ zu verstehen.

Eine derartig erfahrene Welt ist dem „Ich“ fremd. Sie kann den Menschen anregen, sein Interesse wekken, die Emotionen hochschlagen lassen, sie besitzt aber scheinbar keinen notwendigen Zusammenhang mit dem geistigen Standpunkt des Menschen als „Ich“. Die Welt, wie sie das von ihr autonome „Ich“ sieht, ist zwar „an sich“ da, sie wirkt auf den Weltbetrachter jedoch nur zufällig, weil ihm seine eigentlich unerläßliche Beziehung zu ihr unverständlich bleibt. Versteht hingegen der Mensch seine Welt als Ergebnis seiner Weltbegegnung bzw. -auseinandersetzung, also als eine Gestalt, die sich der Einzelne als eine Seite von Bewußt-Sein von ihr als die andere Seite von Bewußt-Sein macht, kommt sie ihm als eigenes Schicksal (als das Andere des Menschen) entgegen. Die Welt bleibt trotzdem das „an sich“ Andere des Menschen, dies erfährt der Mensch aber nur in seiner individuellen Betrachtungs- und Erlebensweise. Das heißt, die Welt des Menschen ist für ihn immer nur „an und für sich“ da und er lebt selbst als Welterscheinung in einem ausschließlichen „an und für sich“ Sein.

Der Mensch verläßt demgemäß seine Welt nicht, wenn er sie wahrnimmt, vielmehr blickt er aus der geistigen Welt in die geistige Welt. Mit einer derartigen Einsicht verschwindet das Zufällige in der Weltbegegnung. Letzteres gibt es lediglich in einer Welt der gegenständlichen Positivität, die in ihrer quantitativen Mannigfaltigkeit der Objekte für den Menschen als weltfernes „Ich“ unüberschaubar ist und bleiben wird. In einer solchen Unübersehbarkeit muß dem Subjekt die ihm entgegengesetzte, fremd scheinende Gegenstandswelt als zufällige, eben weil nicht abzusehende, entgegenkommen. Sind jedoch Welt und Weltbetrachter trotz ihrer Absonderung ein nicht zu trennender Zusammenhang von Bewußt-Sein, ist jedes zu erfahrende Ereignis Ergebnis der Wechselbeziehung zwischen beiden geistigen Gegensatzseiten in ihrem „an und für sich“ Sein.

Wechselbeziehung bedeutet, daß eine beiderseitig wirkende Begegnung stattfindet. Die Welt, wie sie zum Beispiel auf das religiöse „Ich“ einwirkt, verändert es, und ist zugleich eine Forderung an es, eine Antwort auf die Prägung zu geben, die das „Ich“ auf Grund dieses Ereignisses auch gibt, mit dem gleichen Anspruch einer Antwort von Seiten der Welt. Die Erwiderung des „Ichs“ verändert die Welt, die auf die nun andersartige Weise neuerlich auf das „Ich“ wirkt, mit dem abermaligen Anspruch einer Antwort darauf. Das geschieht jedoch nicht in der hier dargestellten eingleisigen Kausalkette von Ursache und Wirkung, sondern Wechselbeziehung besagt, daß die gegenseitigen Beeinflussungen und die dementsprechenden Antworten darauf auf beiden Seiten unaufhörlich und gegenläufig in nicht zu trennender Gleichzeitigkeit sich vollziehen. Das Verhältnis zwischen dem Menschen und seiner Welt ist also ein hochkomplexes und in sich verschlungenes Geflecht von Empfangen und Reagieren.

Was sich hier als dialektische Verknüpfung zwischen geistiger Einzelerscheinung und seiner Geisteswelt darstellt, gilt in gleicher Weise für das Verhältnis von Mensch und Göttlichem. (Gleichbedeutend kann es anders herum formuliert werden, daß nämlich die Verbindung des Menschen zum Göttlichen immer auch seine Entsprechung in der Art der Beziehung des Menschen zu seiner Welt findet.) Der Mensch als „Ich" wird zum Beispiel in seiner objektivierten Welt ein unerschütterlicher, (logisch gesehen) außerweltlicher Fixpunkt. In gleichem Maße ist das Göttliche für den Menschen der unveränderliche außermenschliche Bezug, wenn der Mensch sich in seiner gegenständlichen Welt als Gegenstand objektiviert.

Erfährt sich der religiöse Mensch in seiner vergegenständlichten Welt selbst als Gegenstand, weil er trotz seiner geistigen Weltferne eine Welterscheinung bleibt, bedeutet das, daß sein logisches Spiegelbild sich auch positiviert, nämlich zu einem gegenständlichen Einzelgott. Erst unter dieser Voraussetzung entsteht bzw. folgt die Erwartung einer realen Antwort des Göttlichen auf die Gebete der Gläubigen. Das Ausbleiben einer derartigen göttlichen Erwiderung führt jedoch nicht zur Einsicht, daß es einen solchen tatsächlichen Gott nicht gibt, sondern der sich eröffnende Widerspruch wird schließlich soweit auf die

Spitze getrieben, daß man den Glauben an einen realexistierenden Gott beweisen will. Das ist der Beginn des Übergangs von der religiösen Kultur zur von der Wissenschaft geprägten Zivilisationskultur. Denn der Versuch der wissenschaftlichen Beweisbarkeit des Göttlichen führt zwar letztlich zur Gewißheit der Undurchführbarkeit eines solchen Unternehmens, jedoch gleichzeitig ist er die Initialzündung zur Verwissenschaftlichung der Welt.

Die Erkenntnis der Nichtbeweisbarkeit eines realen Gottes wird wiederum als erstes vergegenständlicht, und zwar mit der Behauptung vom Tod Gottes. (Diese Feststellung basiert auf dem wissenschaftlichen Selbstverständnis, daß alles, was nicht beweisbar ist, Irrealitäten, drastischer ausgedrückt, Hirngespinste sind.) Dieser im 19. Jahrhundert von Hegel und Nietzsche verkündete Tod ist also nicht das Aufgeben der göttlichen Dimension, oder deren Verschwinden aus dem geistigen Sein des Menschen, es ist richtiger die Bekanntgabe des Sterbens der Vorstellung von Gott als real-gegenständliches Wesen.

Heute ist die menschliche Kommunikation mit dem Göttlichen als das menschliche Andere des Menschen unterbelichtet. Somit hat der Zivilisationsmensch seine aktuelle Geistesverfassung noch nicht begriffen. Ein Grund dafür ist darin zu sehen, daß er dem Göttlichen immer noch in den alten Umgangsformen begegnen will. Deswegen orientiert er sich weiterhin an den mittlerweile antiquierten Erscheinungsgestalten des Göttlichen, die ja nicht verschwunden sind, sondern als aufgehobene Elemente in Form der Gegenwart der Vergangenheit des Vergangenen im jetzigen zivilisierten Da-Sein weiterbestehen. Doch die veraltete religiöse Lebensführung führt nicht zur Geisteserfüllung. Sie kann zwar mit Leidenschaft und Ernsthaftigkeit betrieben werden, hat somit durchaus einen begrenzten individuellen Lebenswert, jedoch verkörpert sie nicht mehr die geistige Wirklichkeit der heutigen Menschheit.

Wenn sich in der religiösen Weltsicht das „Ich“ als autonomer Punkt gegenüber dem fließenden Lebensgeschehen weiß, so spiegelt sich diese Beständigkeit folglich auch in der göttlichen Gegengestalt wider.

Die Stabilität des Göttlichen und des „Ichs“ ist in den religiösen Vorstellungen gesichert durch zeitliche Grenzen. Es sind die unverrückbaren Wandlungspunkte des religiösen Da-Seins, sowohl in der Vergangenheit als auch in der Zukunft, die dem „Ich“ und dem Göttlichen eine unaufhebbar scheinende Konstanz verleihen. Die Spanne vom Anfangs- zum Endpunkt des Da-Seins dokumentiert dabei die Dauer der Trennung des Menschen vom Göttlichen, die eine Kommunikation zwischen ihnen möglich macht. Der Tod hebt diese Trennung auf. Der Endpunkt des religiösen Da-Seins liegt also in einem festgelegten Zukunftsereignis, wie der Anfang in einer arretierten Vergangenheitsbegebenheit. Beide Ereignisse bleiben unveränderlich in jeglichen augenblicklichen Veränderungen.

Somit zeigt sich die Möglichkeit, wie Phänomene frei werden können gegenüber der unaufhörlichen Veränderlichkeit des Lebens; sie werden als unveränderliche Besonderheiten von Augenblick zu Augenblick mitgeführt. Das gelingt nur in der Dimension von Bewußt-Sein, nur darin können Lebenserscheinungen außerhalb der Lebenswelt als etwas Bleibendes bestehen.

Eine Wortschöpfung wie Umwelt gibt beispielsweise diese Widersprüchlichkeit wider. Sie drückt das Verständnis von Welt als um den Menschen herum seiend aus. Dabei offenbart sich eine Geistesverfassung, bei der die Welt so gut wie keine Berührungspunkte mit dem „Ich" hat. Diese erfährt in der religiösen Vorstellung sogar eine Abwertung. Das Weltliche ist zum Beispiel für den jüdisch-christlichen Menschen sündhaft und erzeugt bei ihm Leiden. Die Forderung Gottes im Alten Testament, daß der Gläubige sich die Erde zum Untertan machen soll, ist eine Form der Vergegenständlichung (der Objektivierung) eines solchen Verhältnisses zwischen „Ich" und Welt.

In jeder neu erreichten Qualität von Bewußt-Sein ist die Vergegenständlichung vonnöten, damit Bewußt-Sein seinen andersartig gestalteten Gegensatz zwischen Betrachter und zu Betrachtendem verwirklicht. Somit werden sowohl der Mensch als auch seine Welt in jeder erlangten logischen Stufe zunächst gegenständlich angeschaut – also als Gegensatz, dessen Seiten ohne Bezug zueinander zu sein scheinen. Erst nach dieser Vergegenständlichung beider Seiten von Bewußt-Sein wird der Weg frei für den Erkenntnisgang, daß der Gegensatz nur als logische Einheit ist, womit die mit der Vergegenständlichung entstandene Objektivität des Gegensatzes von Subjekt und Objekt ihre eigentliche geistige, sprich realideale bzw. idealreale Dimension erhält, das heißt, sich in ihr auflöst, ohne zu verschwinden.

Mit dieser Einsicht ist freilich schon eine weitere Verfaßtheit von Bewußt-Sein erreicht, mit dem gleichen zunächst notwendigen Bestreben, diese nun wieder unbekannte geistige Qualität zu vergegenständlichen. (Es entsteht dann der Gegensatz zwischen einem neuartigen Subjekt und dem früheren Subjekt-Objekt-Gegensatz als neuem Objekt.)

Sowohl das religiöse „Ich“ als auch sein Göttliches entziehen sich also mit ihrer logischen Weltferne den beständigen Wandlungen im Lebensgeschehen. Es ist aus dem Grunde folgerichtig, daß mit der religiösen Kulturstufe das festgeschriebene Wort eine vorher nicht gekannte Bedeutung erhält. Nicht zufällig wird in dieser Epoche die Buchdruckkunst entwickelt und findet eine nahezu explosionsartige Ausbreitung.

Der religiöse Mensch wehrt sich gegen die Veränderungen im Leben mit seiner Erarbeitung einer bleibenden Individualität. Die Heraushebung der Persönlichkeit aus ihrer Beziehung zum Weltgeschehen läßt demgemäß den Erfolg des „Ichs“ erkennen, sich im wandelbaren Geschehen fest-zu-stellen. Letzteres zeigt sich deutlich bei der persönlichen Vergangenheitsbetrachtung des religiösen Menschen. Seine Erinnerungen setzen die Unveränderlichkeit des „Ichs“ voraus. Das heißt, die Aussage: „Das bin ich“ soll immer eine gleichartige persönliche Erfahrung sein, ob der Einzelne sie früher als Kind aussprach oder später als Erwachsener artikuliert. Eine solche Annahme ist in Bezug auf das wirkliche Leben unhaltbar. Sie beschreibt indes nicht einen Lebensvorgang, sondern vielmehr den Protest gegen ihn. Der religiöse Mensch lehnt sich somit gegen die Lebenscharakteristik der unaufhörlichen Wandlungen mit einem Einspruch gegen sie auf. Mit dieser stetig durchgeführten logischen Gegenwehr erhält das „Ich“ seine Standfestigkeit.

Weil die äußerlich sichtbaren biologischen Veränderungen des Menschen gegenüber seinen geistigen Akten wesentlich langsamer verlaufen, kann auch die Anschauung einer identischen Einzelpersönlichkeit zumindest für kürzere Zeitspannen zur Geltung kommen. Der persönliche Alterungsprozeß ist zum Beispiel für die Sinne ein schleichender, sodaß der Mensch ihn nur in größeren Zeitabständen an sich feststellt. Seine Stellungnahme einer individuellen Beständigkeit geht demgegenüber mit jedem Gedanken und jeder Handlung vonstatten, und betrifft zudem nur einen einzigen Punkt (nämlich dem als „Ich“) in einem eigentlich unüberschaubaren Lebensgeflecht, in dem sich die Einzelpersönlichkeit befindet. Die Beständigkeit des Individuums als „Ich“ ist infolgedessen nur zu erlangen, weil der logische Akt des Einspruchs, mit den Wandlungen seiner gegensätzlichen Welt in Verbindung zu stehen, immer derselbe ist, ob er in der Vergangenheit ausgeführt worden ist oder in der Gegenwart vollbracht wird. Und der Mensch ist sich seiner Persönlichkeit als „Ich" auch zukünftig gewiß, weil er weiß, daß er auch im kommenden Geschehen denselben Einspruch vollführen wird. Setzt dieser für einen Augenblick aus, ist der Mensch in dieser Zeit kein „Ich" mehr. Und findet er danach keine Anknüpfungspunkte an den früheren Prozeß der persönlichen Bildung des „Ichs", ist seine Vergangenheit unwiderruflich verschwunden.

Wenn der Mensch seine Persönlichkeit vornehmlich auf einen abstrakten Punkt, den er als „Ich" bezeichnet, zusammenballt und in ihm seine ganze Existenz Platz findet, wird auch das Göttliche zu einem punktuellen Abstraktum. Das bedeutet, das Göttliche wird nicht nur zu einer einzelnen Gestalt, sondern verliert vielmehr im Laufe der Entwicklung der religiösen Kultur sein weltliches Erscheinungsbild. Das religiös verstandene Göttliche ist anfänglich ein Herrscher im Himmel, später wird es zum konstanten außerkosmischen Anhaltspunkt.

Der Tod wiederum ist für das menschliche „Ich" das Erscheinen des außerweltlichen „Nicht-Ich". Es handelt sich hier also gleichermaßen um eine Einsicht auf geistiger Ebene, die neben der weltlichen Erfahrung des „Nicht-Ich" eine weitere Form des „Nicht-

Ich“ zutage fördert, die das Außerhalb jeglicher menschlicher Erfahrung ausdrückt. Beim Erleben des Todes wird das von der Welt emanzipierte „Ich“ beim letzten Atemzug des biologischen Wesens Mensch wieder mit der Welt verknüpft, womit das „Ich“ aufhört zu sein.

Doch es gibt eine Verknüpfung des außermenschlichen „Nicht-Ich“ (des Todes) mit dem weltlichen, und zwar in der Weise, daß die Welt für das weltferne „Ich“ durch seine praktizierte Beziehungslosigkeit zu ihr ebenfalls tot ist. Demgemäß ist das „Ich“ gegenüber seiner Welt immun (unempfänglich).

Eine solche geistige Autonomie ist überdies Bedingung für die Überzeugung der Weiterexistenz des „Ichs“ nach dem Leben auf der Erde. Denn die reale Welt scheint keine Existenzbedingung des „Ichs“ zu sein, sie ist in Bezug auf das „Ich“ ein toter, und als solcher zu gebrauchender Gegenstand. Und jede Handlung des „Ichs“ bezeugt ja offensichtlich seine Unabhängigkeit vom realen Leben, indem es derartige Lebensvorgänge mit bzw. nach seinem Willen verändernd behandelt.

Die logische Distanz des „Ichs“ von sämtlichen Welterscheinungen, sich selbst als reales Wesen eingeschlossen, die der Entfernung des Göttlichen von der Welt und vom Menschen als geistigem Erdenbürger entspricht, kommt auch unmittelbar im menschlichen Dasein zur Geltung. Zum Beispiel tritt sie im Unabhängigkeitsbestreben des religiösen Menschen innerhalb seiner Gemeinschaft auf. Ein überwiegender Eigenbezug der Persönlichkeit ist nur dann vorhanden, wenn diese sich von den anderen Individuen abgegrenzt hat, die ja für den Einzelnen als „Ich“ ebenfalls Welterscheinungen sind. Der Drang nach Eigenständigkeit des Einzelnen in der Gesellschaft wird im Laufe der religiösen Epoche immer ausgeprägter, und findet in der zivilisierten Kultur seine Vollendung.

Doch dem nicht genug: Will das „Ich“ Selbständigkeit gegenüber seiner Welt erlangen, muß es sich auch vom eigenen Körper unabhängig machen. Das geschieht anfangs mit der religiösen Auffassung, daß der Leib im Gegensatz zum geistigen „Ich“ eine Sünden- oder Leidenslast ist. Der Körper wird in einer solchen Betrachtungsweise vom „Ich“ als ebenso fremder Gegenstand erfahren, wie das „Ich“ die gesamte Gegenstandswelt als ihm nicht direkt zugehörig erlebt. Das ist im Übrigen eine Grundvoraussetzung für die revolutionären medizinischen Fortschritte am Ende der religiösen Kulturepoche. Dazu muß beispielsweise der Mensch seine natürliche Hemmschwelle überwinden, einen lebendigen menschlichen Körper aufzuschneiden. Das vermag er nicht, solange er sich mit seinem Leib als Mikrokosmos versteht, der der Harmonie des außermenschlichen Makrokosmos entspricht. Krankheiten spiegeln in einer solchen Anschauung Ungleichgewichte zwischen dem Mikrokosmos und dem Makrokosmos wider, die dann im Heilungsprozeß wieder ausgeglichen werden sollen, zum Beispiel durch schamanische Kämpfe mit Krankheitsdämonen. Erst wenn der Mensch seinen Leib als einen biochemisch-physikalischen Funktionsapparat auffaßt, kann er ihn wie einen Rohstoff bearbeiten.

Ein weiterer Schritt, die Unabhängigkeit des „Ichs" im Verhältnis zu seiner Welt zu erringen, ist die menschliche Willensleistung, das Leben zu richten, sprich ihm gegenüber Recht(e) zu haben. Das gelingt nur, wenn der Mensch als „Ich" logisch außerhalb der Welt steht. Erst dann vermag er zu beurteilen, was richtig oder falsch bei den ihm zukommenden Ereignissen ist. Es ist dies die Denkart der Moralität, bei der die Weltereignisse ein von außen kommendes Urteil erhalten, vor allem, ob sie gut oder schlecht sind. „In Moral und Recht wird das Böse verdammt und gerichtet. Die Unterscheidung zwischen Gut und Böse dient dem Verdammenkönnen, in welchem sich das ichhafte Wollen zu sich selbst erbaut. Je mehr und heftiger ich verdamme, desto mehr wächst die Festigkeit meines Ichs. Dieses Wollen ist der eigentliche metaphysische Charakter der ‚Realität', die also nichts mit Wahrheit und Wirklichkeit zu tun hat, aber natürlich gerade kraft dieses Wollens als die Wahrheit und die Wirklichkeit gesetzt wird." (Giegerich, „Animus-Psychologie", S.210)

Da es die geistige Perspektive des „Ichs" nur dank der Welterscheinung Mensch gibt, sind seine Moralität und sein „Recht haben wollen" ebenso widersprüchlich, wie er selbst ein Widerspruch ist, nämlich als außerweltliches „Ich“ in der Welt zu sein. Moralische Forderungen werden vom logisch weltfernen „Ich“ (oder anfänglich vom weltfernen Göttlichen) aufgestellt und sollen vom Menschen in der Welt gelebt werden. Beide Seiten zusammen ergeben erst den Sinn der Moralität. Deshalb beglaubigt die tatsächliche Einhaltung des moralischen Verlangens erst diese geistigen Forderungen, erhält dadurch ihre Berechtigung. Die sich als notwendig erweisende Verknüpfung von geistigem Verlangen und deren Umsetzung in der Realität zeigt auch in der Denkweise der Moralität, daß die Tatsachenwelt nur in der Dimension von Bewußt-Sein Tatsache sein kann.

Doch wie bereits mehrfach erwähnt, gibt diese Realität nur einen Ausschnitt der Wirklichkeit von Bewußt-Sein wieder, nämlich den aus dem Blickpunkt des außerweltlichen „Ichs“. Und diese logische Sichtweise zur Welt findet ihre Entsprechung in der weltfernen Stellung des Göttlichen zum „Ich“ als Welterscheinung. Das Göttliche hat wie das „Ich“ nichts mehr mit der realen Welt zu tun. Beide sind einer solchen Welt enthoben. Deswegen verschwindet für den religiösen Menschen das Göttliche immer mehr aus dem alltäglichen und festlichen Da-Sein. Letztlich ist im religiösen Gottesdienst das Göttliche kaum noch anwesend. Aus diesem Grund ist der Gottesdienst am Ende der religiösen Epoche vornehmlich charakterisiert durch Bitten, Erwartungen und Forderungen des Gläubigen an das Göttliche, ohne Hoffnung auf Erhörung. Denn sowohl im geheiligten Raum als auch im profanen Alltag erleben die religiösen Menschen nicht mehr die Präsenz der göttlichen Schöpferkraft, die den mächtigen Lebensrhythmus von Entstehen und Vergehen hervorrief. Unter diesen Umständen ist das Da-Sein für den Menschen ein bloßer Existenzkampf geworden.

Die Wirklichkeit des „Ichs“, wie sie in der religiösen Kultur in Erscheinung tritt, ist der logische Blick des „Ichs“ von draußen auf die so erst entstehende reale Welt. Diese Wirklichkeit ist dem religiösen Menschen nicht bewußt, weil er nur den Blick für die Realität hat und deshalb nicht begreifen kann, was die Realität begründet. Daß jedoch das Weltgeschehen das Ergebnis von göttlichem Geschick sein soll, ist der mythische Ausdruck einer Ahnung, die einen ersten Schritt dahin bedeutet, solche Unwissenheit über die menschliche Wirklichkeit zu überwinden, ohne daß dies zunächst geschieht – die vermeintliche Eingebung verbleibt auf dem geistigen Niveau des Glaubens.

Die Verneinung alles Weltlichen durch das „Ich“, indem es die Welt als „Nicht-Ich“ kategorisiert und wodurch ihm diese seine Welt nicht nur fremd, sondern auch leblos wird, führt unter anderem dazu, daß der Mensch der religiösen Kultur die Stimmen seiner Welt nicht mehr hören kann. Die Landschaft, die Pflanzen und Steine verstummen für ihn, sie sprechen ihn nicht mehr an. Auch seine Vergangenheit schweigt. Das sind allerdings wiederum Voraussetzungen, um solche Phänomene als tote Dinge bearbeiten zu können. Zum Beispiel die Pflanzen durch Zucht zu effektiven Nahrungsmitteln zu gestalten, die Gesteine als Bodenschätze zu nutzen, oder die menschliche Geschichte zu historisieren.

Eine solche sprach- und bewegungslose Erfahrungswelt bildet die Grundlage für das Entstehen einer wissenschaftlichen Lebensauseinandersetzung, die sich auf die Beweisbarkeit von Tatsachengeschehen, also toten Ereignissen, gründet. Eine der ersten Beweisführungen sollte, wie oben dargelegt, die des religiösen Göttlichen sein, die jedoch zum Ergebnis führte, daß der Beweis des Göttlichen als reale Tatsache nicht zu erbringen ist, womit sich seine Abwesenheit in der realen Welt begründet. Genaugenommen wurde die Einsicht gewonnen, daß das Göttliche nicht durch jene Gesetze zu beweisen ist, die der Mensch seit Beginn des wissenschaftlichen Denkens als Naturgesetze versteht. Es handelt sich dabei um ein System von Gesetzen (wie etwa die Gesetze des Raumes, der Zeit oder der Kausalität), die den Erfahrungen der naturwissenschaftlichen Welt zugrunde liegen, das heißt, diese erst ermöglichen. Naturgesetze sind also logische Funktionen im menschlichen Weltverhältnis, die in den vorhergehenden Kulturen dem Göttlichen zukamen. Zum Beispiel mit seiner Hilfe das Weltgeschehen als sinnvoll oder, jetzt naturwissenschaftlich ausgedrückt, als zweckmäßig erkennen zu können. Diese Gesetze werden dem erfahrenen Naturgeschehen dabei logisch genauso vorgeordnet, wie das Göttliche vor das Leben, sprich vor seiner Tat der Lebensfreisetzung oder Welterschaffung.

Das Göttliche ist indes mit dem Aufkommen der naturwissenschaftlichen Erfahrung nicht völlig aufgelöst, da sich die Gesetze der Naturwissenschaften ausschließlich auf die reale Welt beziehen. In den übrigen Wirklichkeitsbereichen bleibt das Göttliche als Wirkung auf den Menschen erhalten. Da dies anfänglich in überlieferten Anschauungsformen geschieht, jedoch außerhalb der realen Welt, erfährt das Göttliche, vergegenständlicht ausgedrückt, eine Einkehr in den Menschen.

Wenn der Mensch das Göttliche „in sich aufnimmt", bedeutet das aber nicht, daß er zu diesem wird, denn das würde sein Menschsein aufheben. Der Gegensatz ist vielmehr weiterhin vorhanden. Er verbleibt nur nunmehr im sogenannten Inneren des Menschen als Welterscheinung. Das ist gleichwohl eine Zusammenballung des nicht mehr anschaulich zu machenden logischen Spannungsbogens in einem Wesen, das sich weiterhin als „Ich" versteht.

Die Einkehr des Göttlichen in das bio-logische Wesen Mensch könnte einen Widerspruch zur außerweltlichen Stellung des „Ichs" darstellen, da diese ja erhalten bleibt. Doch hat das „Ich" jenen logischen Standpunkt als außerweltlichen einzig als Welterscheinung. Der Mensch bleibt immer an seiner Welt gebunden, auch wenn er sich im Denkakt von ihr zu trennen vermag. Schon das Wort „außer-weltlich“ drückt den notwendigen Bezug zur Welt aus. Wenn es ein Außerhalb der Welt gibt, dann einzig in Verbindung mit dieser. Das bedeutet, daß es das außerweltliche „Ich“ ohne die Welt gar nicht gäbe. Das „Ich“ gewinnt also seine bleibende Selbständigkeit gegenüber seiner Welt und sich selbst als biologischem Wesen nur, wenn es in der logischen Stellung eines Außerweltlichen gleichzeitig eine Welterscheinung ist. Diese Widersprüchlichkeit ist die Wirklichkeit von Bewußt-Sein des religiösen Menschen.

Da nun das Göttliche im Inneren des gegenständlich verstandenen Menschen seinen Sitz bekommt, ist es endgültig in einer nichtsinnlichen Sphäre. Es bleibt eine lebendige Wirklichkeit im Unterschied zu den als tote Dinge gesetzten Lebenserscheinungen. In letzterer Form ist dann das Leben nicht zu entdecken. Wenn beispielsweise der Mediziner den menschlichen Leib öffnet, findet er nur Realitäten vor: Organe, Nervenstränge, Muskeln usw., aber er kann das Leben nicht ergreifen, das sich in den Bewegungsabläufen des geöffneten Körpers offenbart. Leben im realen Sinn gibt es streng genommen nicht. Der Mensch sieht in seiner realen Welt nur totes (stillgestelltes) und so behandelbares Leben. Das Leben selbst ist für den Menschen Wirken, und es wirkt zwar auch in der Realität, jedoch nicht als eindeutiger realer Vorgang, sondern als mehrdeutige, weil nicht über- oder durchschaubare und nicht bleibende Ereignisse.

All diese eben beschriebenen Veränderungen der menschlichen Erfahrungen vom Göttlichen am Ende der religiösen Kultur, die naturwissenschaftliche Notwendigkeit seiner Verbannung aus der Realität, sein darauf folgendes verschwindendes Eingehen in den Menschen und seine damit einhergehende abnehmende Bedeutung für den Lebensalltag, führen dazu, daß das Göttliche letztlich eine ähnliche Position im Da-Sein erhält wie der Tod.

Da der Tod nur mit dem Leben existiert, kann er ebenfalls nicht in der Realität vorgestellt werden. Er wird in der realen Welt ausnahmslos als Verlust der Realität wahrgenommen. Deshalb ist er wie das Göttliche in einer solchen Vorstellungswelt eine Grenzerfahrung.

Die Auseinandersetzung mit dem Phänomen des Todes beschränkt sich beim Menschen, der an der Schwelle zur Zivilisationskultur steht, vornehmlich auf die Frage, ob das personengebundene „Ich“ nach dem Sterben weiterexistiert, und wenn ja, wie. Der Inhalt der Antworten bestimmt dann sein alltägliches Verhalten. Kurzum, der Tod und das Göttliche wirken am Ende der religiösen Kultur als realitätsfremde Erscheinungen.

Der Unterschied von Wirklichkeit und Realität läßt sich noch einmal bei den Märchen, genauer beim Verständnis von ihnen aufzeigen. Die Märchen erfahren in ihren Überlieferungen einen Wandel von der unmittelbaren Darstellung von Wirklichkeitserfahrungen des Menschen zu einer vornehmlich zielsetzenden Gestaltung, die den Hörenden oder Lesenden über seine Existenz belehren soll.

Ursprünglich ist das Märchen eine in eine Geschichte über-setzte gemeinschaftliche Erfahrung der Welt (konkreter: der verschiedenen ineinander wirkenden Weltebenen). Es stellt also ein Gesamtgeschehen dar. Demgemäß haben alle Begebenheiten im Märchen das gleiche Gewicht, sie besitzen keine Wertunterschiede.

Das bedeutet, daß im Märchen auch die sogenannten bösen Gestalten unverzichtbar, weil dem Leben dienend, sind; entweder als Auslöser für Taten, wie die Mutter, die ihren Sohn oder ihre Tochter aus dem Haus und damit auf den Initiations- bzw. Entwicklungsweg treibt, oder als Überwindungsfiguren, wie sie in Hexen und Drachen ihre Veranschaulichung finden.

Ein so geschildertes Gesamtgeschehen, das alle Gestalten und Ereignisse gleichberechtigt berücksichtigt, gibt die Wirklichkeit des menschlichen Lebens wieder. Würde der Mensch sie begreifen, verstände er alle Phänomene, die auf ihn einwirken, als zu seiner Welt notwendig zugehörig. Für ihn gäbe es dann nicht das Schreckliche in der Art, daß es nichts anderes wäre als unheilvoll. Das Bedrohliche, Gefährliche oder Verhängnisvolle könnte für ihn vielmehr ein Ereignis sein, das bei deren Bemeisterung zu einer Lebenssteigerung führt.

Der Märchenheld wird mit solchen Überwindungsgeschehnissen konfrontiert, die ihn aus dem Alltäglichen herausreißen, wodurch er die Möglichkeit erhält, einen Lebensgewinn zu erringen, der im Märchen zum Beispiel als Erlangung der Königsbraut verdeutlicht wird.

Bei den Märchenüberlieferungen in der entwickelten religiösen Kultur und in der Zivilisationskultur verwandelt sich nun beispielsweise die Mutter, die ihre Kinder nötigt, die ursprüngliche Heimat zu verlassen, häufig zur Stiefmutter. Eine derartige Charakterisierung weist darauf hin, daß jetzt ein Geschehen nicht mehr bloß dargestellt, sondern zugleich bewertet wird. Die Wirkung der Märchenereignisse auf den Menschen tritt so in den Hintergrund. In erster Linie schaut nun der Mensch von außen, also mit dem Realitätsblick, auf das Märchen. Diese Betrachtungsweise ist viel stärker polarisierend und auf den finalen Sieg des Guten konzentriert. Gerade dieser ist die Rechtfertigung für das Erzählen des Märchens. Das wie und warum des Erfolges wird zur austauschbaren Nebensache. Der Triumph des Märchenhelden ist bei einer solchen starken Ausrichtung auf das Endziel das Entscheidende. Demgemäß weiß der Zuhörer oder Leser, der in dieser Weise Märchen aufnimmt, am Schluß des Märchens auch nichts mehr von einem Lebensgewinn, denn dieser ergibt sich nicht allein aus dem Erreichen des Zieles, sondern in gleichem Maße durch den Weg dahin.

Wenn aus der realen Perspektive heraus vornehmlich das Ziel der Märchenhandlung ins Auge gefaßt wird, dann werden die Hindernisse auf dem Weg zu ihm als störend empfunden. Somit kann das sogenannte Böse im Märchen nicht mehr als notwendiges Überwindungsereignis betrachtet werden; das märchenhaft Böse ist daraufhin vielmehr brutal, hinterlistig und gemein geworden.

Daß der zivilisierte Mensch die Märchenhandlungen im allgemeinen als gewalttätig wahrnimmt, es sogar immer wieder Zeiten gibt, wo das Erzählen von Märchen für Kinder als ein untaugliches pädagogisches Mittel gilt, zeigt, daß der Zivilisationsmensch den Inhalt der Märchen als reales Geschehen ansieht, er demgemäß nicht alle Seiten des Märchens, also die Erfahrung von Lebenswirklichkeit, akzeptieren kann.

Kleine Kinder hingegen schlüpfen beim Nachspielen von Märchen in der Regel problemlos in alle Gestalten, sowohl in die „Guten“ als auch in die „Bösen“. Sie bilden damit spielend die Märchenwelt ab, wie sie auf sie wirkt, und erfahren dabei unter anderem, daß immer alle Figuren und Geschehnisse zusammen die Märchen-, sprich Lebenswelt sind.

Erst wenn die Kinder größer werden, ihnen von Seiten der Erwachsenen die reale Welt eröffnet wird, entsteht der Hang, das Gute zu bevorzugen, indem das Böse ausgeschlossen wird.

Dann erfährt das Kind das Da-Sein in der Eigenart, wie es der überwiegende Teil der Menschen heute für wahr nimmt. Doch die Ausgrenzung von wirklichen Ereignissen beschwört auf dem geistigen Niveau der Zivilisationskultur die Gefahr des tatsächlichen Untergangs der Menschheit herauf. Sie ist nur zu bannen, wenn die Mehrheit der Menschen „für sich“ das geistige Niveau erlangt, das die zivilisierte Welt bereits „an sich“ verkörpert. Dazu gehört auch, daß die Menschen zu einem Verständnis der aktuellen Wirkungen des Göttlichen und des Todes auf sie gelangen.

Das Göttliche und der Tod in der Zivilisationskultur

Am Ende der Entwicklung der religiösen Kultur ist das Göttliche in das gegenständlich verstandene Innere des Menschen eingegangen, weil die sich herausbildenden Naturwissenschaften es in der Außenwelt nicht als Tatsachenbeweis erbringen können. Das hat zweierlei zur Folge: Einerseits wird das Göttliche wieder eng mit der menschlichen Welt verknüpft. Zum anderen wird das Verhältnis zwischen dem Göttlichen und dem Menschen zu einer ungeheuer explosiven Kraft, weil „im Menschen" die nicht mehr anschaulich zu fassende unermeßliche Ausdehnung der geistigen Dimension verdichtet wird. Diese Zusammenballung erfährt bei jeglicher Erkenntniserweiterung eine Verstärkung. Die dadurch entstehende geistige Sprengkraft des Menschen findet in der naturwissenschaftlichen Ursprungsmythe vom Urknall als Kosmosentstehung sein Sinnbild und in der Entwicklung der Atombombe ihre weltliche Verwirklichung.

Daß „eine Sprengung als Urzeugung überhaupt einer Vielzahl intelligenter Menschen einleuchten kann", das heißt, eine Verknüpfung von Zeit und Pulverhorn stattfindet, zeigt, „daß die zeitgenössischen Erkenntnisse über die Zeit nicht etwa wirklichkeitsgerechter sind als die Zeitanschauungen und die ihnen entsprechenden kulturellen Gestaltungen der vorausgehenden Kulturen.“ (Gehrts, „Märchen“, S.29) Diese Ursprungsmythe ist vielmehr, wie alle Ursprungsmythen in den vergangenen Kulturepochen, ebenfalls ein Abbild der menschlichen Weltauseinandersetzung.

Der Bau und der tatsächliche Einsatz der Atombombe dokumentieren wiederum, daß die geistige Sprengkraft die Wirklichkeit des Gegenwartsmenschen ist. Daß es sich bei deren Abwürfen über Hiroshima und Nagasaki nicht etwa um einen Irrtum der Geschichte oder eine einmalige Ausnahme handelt, zeigt die weitere Vervollkommnung dieser Waffe trotz der erfahrenen Schrecken nach ihren ersten Einsätzen und ihre Herstellung in Stückzahlen, die die Menschheit zusammen mit dem Planeten mehrfach vernichten könnten.

Zugleich ist die Atombombe mit ihrem Vernichtungspotential eine objektive (positivierte) Spiegelung der Wertauffassung des zivilisierten Menschen. Denn mit der Atombombe könnte der Mensch alles das beseitigen, was für ihn keine Bedeutsamkeit mehr besitzt. Das heißt, mit der atomaren Aufrüstung zeigt sich eine Abwertung der äußeren Welt.

Eine derartige Herabsetzung der Außenwelt ist zunächst im Alltagsleben nicht unmittelbar nachzuvollziehen. Durch den wachsenden materiellen Reichtum in der Zivilisationskultur scheint ihr sogar umgekehrt eine größere Wertschätzung zuzukommen. Doch findet der Mensch in dieser Außenwelt keine Erfüllung. Sie bedroht ihn vielmehr existentiell, sei es in Form eines Vernichtungskrieges oder in einem Verlieren in der Welt lebloser Dinge, die in unübersehbarer Zahl vermeintlich zusammenhanglos nebeneinander bestehen.

Weil die Menschen es bisher gewohnt waren, in der sinnlichen Welt den Lebenshalt zu erfahren, sucht ihn der Zivilisationsmensch ebenfalls dort. Doch er findet ihn in dieser Weise nur, wenn er gleichzeitig begreift, daß seine Welt und seine Auffassung von ihr in einem sich gegenseitig bedingenden Wechselverhältnis stehen. Ist eine Sinnsuche gelenkt von individuellen Interessen und Wünschen, also nicht gekennzeichnet durch das Bemühen eines Verstehens des Begegnenden, bleibt die Abhängigkeit von Einsicht und Gegenstand der Einsicht unbegriffen.

Die Eigentümlichkeit der Zivilisationskultur wird erneut im Raum- und Zeitverständnis seiner Menschen deutlich. Mit der Setzung eines Anfangspunktes erfahren die Vertreter der religiösen Kultur eine Erstrekkung der Zeit und des Raumes ins Unabsehbare. Das Unendliche ist somit nicht mehr die unaufhörlich kreisende Lebensbewegung, wie es der rituelle Mensch versteht, sondern eine nicht mehr zu stoppende Ausdehnung. Auch das naturwissenschaftliche Weltbild als Grundlage der Zivilisation präsentiert den Kosmos als einen nicht endenden Raum und eine nicht begrenzbare allgemeine Zeit. Die geistige Ausdehnung zwischen dem Menschen als „Ich“ und seinem Universum wird mit dieser Erkenntnisentwicklung quantitativ so unbeschränkt, daß die daraus folgende Unbestimmtheit ihre einzige qualitative Bestimmung ist. Zeit und Raum verlieren somit ihre Qualität bis auf diesen einen Punkt der Negation der Qualität, sie existieren ansonsten nur als quantitative Größe. Das hat für das menschliche Weltverständnis weitreichende Auswirkungen. „Mit der Vorstellung einer endlos fortschreitenden Zeit entfällt … die Notwendigkeit, die endliche Zeit mit einer Ewigkeit zur Gänze zu bringen. Im ersten Erleben war die Zeit von unendlicher oder ewiger Tiefe: hier sind die Beiwörter gleichbedeutend. Nun eignet ihr keine sinntragende Stelle mehr, selbst die Gegenwart entartet zum Nullpunkt …“ (Gehrts, „Märchen“, S.26) Es entsteht für den Menschen der Eindruck, als wenn jeder einzelne Moment für sich selbst steht, weitgehend autonom gegenüber den anderen Augenblicken. Somit ist eine sinnvolle Verknüpfung zwischen Gegenwart und Vergangenheit oder Zukunft genauso wenig möglich wie zwischen Diesseits und Jenseits.

Mehr noch, wenn sich für den Menschen kein Gesamtzusammenhang der Zeitdimensionen eröffnet, so verschließt sich ihm auch das Verständnis des Endes seines persönlichen Da-Seins. Dem zivilisierten Menschen entschwindet das Phänomen des Todes, obwohl es weiterhin präsent bleibt. Der Leichnam bezeugt zwar die Realität des Sterbefalles und trotzdem ist der Tod nicht gegenwärtig.

Es handelt sich demnach nicht ausschließlich um eine Verdrängung, wenn der Tod heute keine geistige Aktualität mehr hat, er hat sich vielmehr von einer Qualität in eine unvorstellbare Quantität gewandelt.

Weil das einigende Ewige nicht mehr offenbar ist, erfährt sich der Mensch mittlerweile in einer kosmischen Einsamkeit, die bei ihm ein Geborgenheitsgefühl verhindert; er ist wurzellos geworden. Zwar setzt der Zivilisationsmensch ebenso wie die Träger der religiösen Kultur ausgezeichnete Punkte im Da-Sein, er ist sich aber dabei bewußt, daß er als geistiges Individuum aus Uneinsehbarem entstanden ist und am Ende seines persönlichen Lebens wieder zu selbigem wird.

Wie zusammenhangslos für den Menschen in der Zivilisation die einzelnen Lebensmomente geworden sind, zeigt sich daran, daß es ihm nicht mehr ausreicht, einzelne Punkte des Aufmerkens, zum Beispiel als festliche Anlässe, zu setzen, sondern er muß tagtäglich Ereignisse geistig aufladen, um zu ihnen bedeutsame Beziehungen zu stiften. Das heißt, diese Erlebnisse müssen vom sogenannten Normalen oder Selbstverständlichen abweichen, um Wirkungen auf ihn auszuüben. Laute Geräusche, hohe Geschwindigkeiten, schmerzerzeugende Lust sind Erfahrungen, die die Aufmerksamkeit im Gegenwartsmenschen wecken. Heute ist es notwendig, daß er davon überzeugt wird, daß etwas Bedeutung hat. Dinge oder Ereignisse sprechen ihn kaum mehr aus sich selbst heraus an.

Hier erschließt sich ein Grund, warum in der Zivilisationskultur das Phänomen der Werbung entstanden ist und einen sehr prägenden Einfluß auf die Menschen ausübt. Die Werbung ist nicht allein wegen der großen Mengen an Waren und ihren vielen verschiedenen Anbietern notwendig, sie sorgt desgleichen dafür, daß der Mensch nicht in einem vielfältigen und gleich-gültig bestehenden Konsumaufkommen untergeht. Wenn es auch auf den ersten Blick so aussieht, als wenn die Werbung ihrem Empfänger die Entscheidung abnimmt, welche Ware er unbedingt erwerben sollte, so zwingt sie ihn aber gleichzeitig zu einem Urteil, nämlich, ob er tatsächlich vom Wert des Werbegegenstandes überzeugt ist. Die Werbung ermöglicht also auch die Freiheit des Menschen gegenüber der von ihm erzeugten Warenfülle. Deshalb wirkt die Werbung ebenso auf diejenigen, die ihr kritisch gegenüber stehen. Denn Bedingung jeder noch so begründeten Abwehr ist, daß dasjenige, gegen das sich gewappnet wird, erst einmal Anerkennung findet.

Abgesehen davon ist das zivilisierte Leben derart durchherrscht vom Phänomen der Werbung, daß die Kritiker meistens nur gegen den direkten oder provozierenden Werbeeinfluß ankämpfen, die unscheinbaren Herrschaftsbereiche der Werbung jedoch gar nicht wahrnehmen. Ein prägnantes Beispiel für letzteres ist der Journalismus, denn sein Werbeeffekt wird völlig naiv, sprich unbegriffen, auf der einen Seite eingesetzt und auf der anderen aufgenommen.

Der Journalismus ist eine Werbeaktion für ein Weltbild, das sich bei bestimmten Bevölkerungsschichten verkaufen läßt. Dabei muß der Journalist mit seinen Beiträgen, wie bei anderen Werbeformen, Neues mit Bekanntem mischen, um Neugierde bei der Zielgruppe zu wecken. Das kann auf ganz unterschiedlichem Niveau geschehen. Doch letztlich setzt sich der Leser, Zuschauer oder Zuhörer mit Themen auseinander, die für ihn in erster Linie deshalb interessant sind, weil sie die Journalisten bearbeitet haben. Sie wiederum greifen nur einen solchen Stoff auf, der sich mit großer Wahrscheinlichkeit vermarkten läßt. Das persönliche Motiv des einzelnen Reporters, sich mit einer bestimmten Angelegenheit zu beschäftigen, kann dabei durchaus auch aufrichtige Betroffenheit für ein ihn stark berührendes Problem sein oder von dem allgemeinen Ziel getragen werden, die Menschen über das Weltgeschehen aufzuklären, doch muß er trotz allem die Verkaufsmöglichkeiten der jeweiligen Informationen mit berücksichtigen.

Kurzum, durch den Journalismus bekommen Ereignisse in der Welt eine Bedeutung, die sie sonst nicht hätten. Für einen Großteil der Informationsempfänger in Europa wären beispielsweise ein Attentat in Vorderasien, ein Zugunglück in Amerika oder die Arbeitsmarktsituation in Japan genauso bedeutungsarm, wie für Asiaten oder Amerikaner die täglich stattfindenden kleineren und größeren Unglücke auf dem europäischen Kontinent, wenn nicht Medien davon berichten würden.

Gleichzeitig wird jedoch wiederum der Mensch durch die journalistischen Berichte gezwungen, zu ihnen Stellung zu nehmen, also eine Distanz zu schaffen. Der Informationsempfänger ist demnach mit der Gebundenheit an die Information zugleich ihnen gegenüber frei. Das heißt, der Zivilisationsmensch ist der Werbung in keiner ihrer Formen vollständig ausgeliefert, vielmehr erschließt sich für ihn durch die Konfrontation mit dem Phänomen immer die Möglichkeit, Abstand zu ihm zu schaffen.

Im Gegensatz zur Werbung, die auf einen bestimmten Gegenstand oder ein bestimmtes Ereignis abzielt, stellt das Internet dem Menschen eine Fülle von Daten zur Verfügung, die in ihrer Zusammenstellung beliebig und somit für den Nutzer zufällig anmuten. Die Motive, Informationen in das Internet zu stellen, sind in erster Linie persönliche Interessen oder rühren von gerade aktuellen Notwendigkeiten her – beides besitzt also nicht automatisch einen länger anhaltenden Wert. Durch die überwältigende Datenmenge im Internet besitzt der Benutzer bei seiner individuellen Auswahl einen großen Spielraum. Mit dem Gebrauch dieser im Grunde beziehungslosen Faktenzusammenstellung übt sich der Zivilisationsmensch in sein Leben der scheinbar unzusammenhängenden Geschehnisse ein. Vermag der Mensch sich problemlos im Internet zu bewegen, so ist er wohl dafür vorbereitet, auch in der Welt, in der die verschiedenen Erscheinungen vermeintlich gleich-gültig bestehen, eine Orientierung zu finden.

Die fesselnde Wirkung, die das Internet auf viele Menschen ausübt, signalisiert, daß es ein charakteristisches Abbild der heutigen Welt ist. Mit dem Internet kann sich der Einzelne unter anderem in freier Selbstbestimmung Bedeutsamkeiten von Dingen oder Ereignissen schaffen, die sie vorher für ihn nicht besaßen.

Daß der Zivilisationsmensch in überwiegendem Maße Weltbegebenheiten gegenübersteht, die für ihn keinen für sich sprechenden Gehalt haben, ist ein Grund, warum er seine Lebenszeit als gleichmäßig dahinfließend erfährt. Gleichförmig ist die Zeit nicht, weil der Mensch ihr ein mathematisches Schrittmaß gab und sie so objektivierte – auch dann empfand er noch die Zeit als mal schneller und ein anderes Mal als langsamer laufend –, sondern weil der Erlebende kaum noch einen Zwang von den sich mit ihm abspielenden Ereignissen spürt. In der Zivilisationskultur ist zum Beispiel die Existenz des Einzelnen nicht mehr voraussehbar gefährdet. Lebensgefahr entsteht für ihn fast ausschließlich als überraschendes, plötzlich auftretendes Geschehnis, wie Naturkatastrophen, Verkehrsunfälle, kriegerische Konflikte, unerwartete Krankheiten und dergleichen. Auch auf diese Weise verschwindet das Phänomen des Todes aus dem alltäglichen Leben.

Zugleich verbannt der Mensch aktiv seine Vergänglichkeit aus dem Alltag. In Mitteleuropa tragen beispielsweise die Hinterbliebenen eines Verstorbenen die Trauerkleidung oft nur noch am Tag der Beerdigung. Und da sich ihr letzter Gang mit dem Toten fast ausschließlich auf dem Friedhof abspielt und zu diesem mit dem eigenen Fahrzeug gefahren wird, verschwinden die äußerlichen Symbole der Trauer aus dem öffentlichen Leben. Der Vorfall des Todes wird nahezu vollständig in den privaten Bereich gedrängt, mit Ausnahme der Todesanzeige. Die Mitmenschen werden so vom Todesfall abgeschottet. Vor einigen Jahrzehnten zogen noch Trauerzüge durch Dörfer und Städte. Auf diese Weise konnte die Gesellschaft mittrauern. Heute weiß die Gemeinschaft nur zufällig vom Ereignis des Sterbens eines ihrer Mitglieder.

Das Fehlen der Anteilnahme der Öffentlichkeit bei Todesfällen zeigt, daß nicht nur das Göttliche, sondern auch der Tod ins „Innere" des Menschen eingegangen ist. Gerade in der einsamen Trauer der Hinterbliebenen wird die Isolation und somit der Geborgenheitsverlust des Zivilisationsmenschen innerhalb seiner Lebensgemeinschaft deutlich.

Die Ungebundenheit des Zivilisationsmenschen an seine jeweils aktuelle Welt, und somit das Fehlen des Behütetseins in ihr, wird auch bei seiner bevorzugten Lebensausrichtung auf die Zukunft offenkundig, wodurch gleichzeitig Vergangenheit und Gegenwart eine Herabsetzung erfahren. Die vorrangige Konzentration auf Kommendes entleert den gegenwärtigen Augenblick. Er besitzt nichts Zwingendes mehr für den Menschen. Im Gegenteil, in ihm soll er sich vielmehr die größtmögliche Wandlungsfähigkeit bewahren, um auf jegliche nachfolgende Ereignisse weitestgehend vorbereitet zu sein. Schicksalsgebundenheit kennt der Mensch heute kaum mehr. Ob im Berufs- oder im Familienleben, die Möglichkeit eines Neuanfangs soll er immer mit in seiner Voraussicht beachten. Deshalb sind für ihn die persönliche Vergangenheit und seine Gegenwart vornehmlich ein Absprungbrett für die zukünftigen Ereignisse. „Der Zeitpfeil ist das treffende Signum für die mit der Auszehrung der Vergangenheit einhergehende Aufblähung der Zukunft. Mit dem Stundenplan des Schulkindes, in dem das Morgen und Übermorgen mächtig sind, beginnt es, mit Zeugnissen, Prüfungen, Versetzungen – und geht so fort mit Programmen, den nächsten Wahlen, Terminen, Aus- und Rückzahlungen, mit den kalkulierten Ernteerträgen und -ausfällen, den Waldschäden, den Festmetern, die schon vorweg verloren sind.“ (Gehrts „Märchen“, S.27f.) Wie unmaßgeblich mittlerweile die Gegenwart für die Menschen der entwickelten Industriestaaten geworden ist und welches Übermaß die Zukunft bekommen hat, drückt sich in den durchaus gesellschaftstragenden Vorstellungen aus, daß der Einzelne zu jeder Zeit für sein späteres Alter sorgen muß.

Der zukünftige Blick beschränkt sich indes auf die Lebenszeit des Menschen, denn das kommende Ereignis des Todes entleert schließlich auch seine Zukunft. Dem Zivilisationsmenschen bieten sich demzufolge in keiner Zeitdimension bleibende Haltpunkte. Auch das begründet die Auffassung des Menschen von der freien Beliebigkeit des Lebensgeschehens in der heutigen Welt.

Der einzig verfügbare Festpunkt des Menschen ist sein „Ich“. Nur von diesem logischen Ansatz aus gelingt ihm eine beständige Bezüglichkeit zu seiner Welt. Somit wird die Weltdimension zu etwas nahezu ausschließlich Persönlichem und hat kaum noch eine außerindividuelle Erstreckung. Deshalb kommen dem Menschen heute viele „äußere“ Ereignisse der technischen Zivilisation, zu denen er noch keinen persönlichen Bezug aufgebaut hat, erst einmal als eine fremde Bedrohung entgegen. Denn sie erscheinen ihm wie aus dem Nichts – sind ihm demzufolge unverständlich.

Im besten Fall reagiert der Zivilisationsmensch auf für ihn fremde Neuigkeiten wie das Kleinkind, das, wie oben beschrieben, Ereignisse der Welt, die es nicht versteht, durch Nachspielen versucht in die eigene Welt zu integrieren. Ein treffendes Beispiel dafür ist die Auseinandersetzung mit der sich rasant entwickelnden Informationsvernetzung im modernen Leben. Mit den dafür erforderlichen Gerätschaften spielen viele heutige Menschen so lange, bis sie ihnen selbstverständlich geworden sind, sodaß sie jenes Phänomen in ihre Welt aufnehmen können, obwohl die geistige Höhe, die sich durch diese Geräte äußert, in der Regel weit über dem Wissensvermögen der Anwender steht. Die Widersprüchlichkeit, daß der Einzelne Geschehnisse in seine Welt integriert, die sein aktuelles geistiges Niveau erheblich übersteigen, ist ein Quellgrund der Faszination für diese Begebenheiten. Erst die Gewohnheit oder das spätere Durchschauen des Phänomens läßt die anziehende Wirkung schwinden. Der Mensch kann also durchaus von etwas ergriffen und gefesselt sein, was er nicht vollständig zu erfassen vermag, wenn er es als zu seiner Welt zugehörig versteht.

Ist die Weltdimension zu etwas Individuellem geworden, dann sind beide Gegensatzseiten von Bewußt-Sein (oder psychologisch bezeichnet: von Seele), gegenständlich ausgedrückt, im Inneren des Menschen. Doch das hebt die Distanz zwischen Erlebenden und Erlebnis nicht auf, sondern der Mensch als geistiges Wesen kann jetzt unmittelbar erkennen, daß auch das sogenannte außergeistige seine geistige Phantasie ist. „Das Verhältnis zwischen der Seele und ihrem anderen ist kein ‚räumliches' Gegenüber mehr. Es ist selbst in das Medium des Geistigen oder Logischen eingetreten, wo sich nichts mehr vorstellen läßt, sondern gedacht werden muß." (Giegerich, „Animus-Psychologie", S.215) Der logische Widerspruch Bewußt-Sein (bzw. Seele) ist jetzt „in die Seele selbst hineingelassen worden … Sie ist in ihrer Identität mit sich anders … Sie ist zum reinen Selbstverhältnis geworden." (ebd.) Das heißt, wenn wir beim psychologischen Begriff von Bewußt-Sein bleiben, die Seele ist zugleich sie selbst und das Andere ihrer selbst, und nur mit beidem zusammen, in der gleichzeitigen Einheit und Trennung ihres Gegensatzes, existiert sie als Seele. Aufgrund dieses Umstandes agiert Bewußt-Sein als eine Dimension in sich selbst.

Die Einheit des geistigen Gegensatzes und der Gegensatz dieses geistigen Gegensatzes ist demgemäß wiederum eine Einheit, nämlich die Einheit der Einheit und Gegensätzlichkeit des geistigen Gegensatzes. Doch ist diese Einsicht auf dem logischen Stand der Zivilisationskultur deren Finalpunkt, der diese Kulturstufe in der schon oben beschriebenen Weise (siehe S. 151f.) gleichzeitig aufheben würde.

Heute steht der Zivilisationsmensch jedoch noch am Beginn seiner Kulturepoche, was bedeutet, daß das neue Bewußt-Seins-Niveau von ihm vornehmlich vergegenständlicht wird. Die Hereinnahme des logisch Anderen des Menschen in ihn selbst wird somit wieder veräußerlicht. Die Außenwelt bildet dann das im „Inneren" des Menschen geistig gewordene Weltverhältnis ab. Die als Natur verstandene Um-welt der religiösen Kultur wird zur abstrakten Um-welt der Zivilisation.

Eine solche Umgestaltung beginnt schon in der religiösen Kultur, nur beschränkt sie sich dort noch weitgehend auf den sakralen Bereich. Indes am Ende der religiösen Epoche bekommt die Natur durch die Erkenntnis der ihr eigen sein sollenden Gesetze ein Gedankengerüst, das mit der mathematischen, physikalischen und chemischen Weltsicht des naturwissenschaftlich aufgeklärten Menschen übereinstimmt. Das ist gleichwohl nur der erste Schritt zu einer nun nicht mehr aufzuhaltenden allumfassenden Veränderung der Erde durch den Menschen. Sie ist mittlerweile zu einem Abbild seines technischen Denkens geworden. Nicht allein riesige Industriegebiete zeugen davon, auch zeigen beispielsweise viele Stadtbilder ein mathematisches Schema, wenn sie aus der Vogelperspektive betrachtet werden. Die Landschaften sind von einem enggeknüpften Straßen- und Schienennetz durchzogen. Flußläufe erfahren nicht nur eine Begradigung, sondern werden durch Kanäle vernetzt. Die letzten beiden Phänomene sind die augenfälligen Vorläufer der Schaffung eines unsichtbaren Daten- und Informationsnetzes.

Die Umwandlung der Natur in eine technische Umgebung beschränkt sich jedoch nicht allein auf landschaftliche Umarbeitungen, auch das individuelle Leben ist durch das Bemühen gekennzeichnet, sich durch die abstrakte Technik von sogenannten natürlichen Vorgängen zu distanzieren.

Heute lebt der Mensch zum Beispiel in einem technisierten Haushalt, in dem viele Geräte und Anlagen die notwendigen Hausarbeiten übernehmen. Das häusliche Umfeld mit Spül- und Waschmaschine, mit Mikrowelle, Backautomat, Staubsauger usw. unterscheidet sich kaum von dem beruflichen Milieu. Der überwiegende Teil der menschlichen Freizeit wird mittlerweile vom Umgang mit technischen Apparaturen bestimmt, wie Fernseher, Musikanlagen oder Computern. Kinder spielen heute schon in ihren ersten Lebensjahren mit sehr vielen technischen Spielzeugen und wechseln frühzeitig zu den Freizeitausstattungen der Erwachsenen.

Desweiteren werden Ortsveränderungen im Alltag sehr häufig mit technischen Fahrzeugen bewältigt. Wobei es eine untergeordnete Rolle spielt, ob dies mit einem Fahrrad, mit öffentlichen Verkehrsmitteln oder mit einem Auto geschieht.

Aber nicht allein die Gegenstandswelt ist technisiert, auch die persönlichen Erlebnisse der Menschen und ihre Begegnungen untereinander sollen durch Techniken vervollkommnet werden. Es gibt Techniken um Glücksgefühle zu entwickeln, um das Selbstbewußtsein zu stärken, die Techniken der Redekunst sollen das Durchsetzungsvermögen gegenüber den Anderen gewährleisten und selbst der sexuelle Austausch ist vermeintlich nur durch genau definierte Techniken zur vollständigen lustvollen Erfüllung zu führen.

Das menschliche Leben in der Welt der Technik ist inzwischen so selbstverständlich geworden, daß eine angestrebte Naturverbundenheit besonders betont werden muß. Sie erfordert eine ausdrückliche Bewußtheit und wird als solche auch erlebt. Deshalb spricht der Gegenwartsmensch zum Beispiel von einer bewußten Ernährung, wenn die Lebensmittel, die er verzehrt, in einer technisch eingeschränkteren Weise hergestellt sind. Auch ein Gang in den Wald ist heute nichts Gewöhnliches mehr. Man nutzt ihn gezielt zu sportlichen Aktivitäten oder zu einem der Erholung dienenden Spaziergang. Letzteres hat dann schon ähnliche Züge wie ein Museumsbesuch, der an Sonn- oder Feiertagen durchgeführt wird. Es ist der Besuch in einem außergewöhnlichen Raum, der im Alltag keine Rolle mehr spielt, aber in der Vergangenheit große Bedeutung hatte.

Das deutlichste Merkmal, wie tiefgreifend das Bedürfnis des Zivilisationsmenschen geworden ist, mit der Natur keinen Kontakt mehr aufnehmen zu müssen, und wie weit er sich tatsächlich schon von ihr entfernt hat, sind seine Allergien gegenüber Naturerscheinungen. Mit Allergien werden Überempfindlichkeiten des menschlichen Organismus gegenüber körperfremden (!) Stoffen bezeichnet. (Psychologisch könnte auch von einer unter-bewußten hysterischen Antwort des Menschen gesprochen werden, also einer aktiven Blockadehaltung gegenüber eines von ihm nicht in das Bewußt-Sein aufgenommenen Problems.) Von dieser Reaktion sind immer mehr Menschen betroffen und die Palette der Allergieerreger wächst stetig. Daß sogar eine Vererbbarkeit allergischer Wirkungen wahrnehmbar sein soll, ist ein Hinweis darauf, daß es sich bei den Allergien nicht um eine zufällige und auf einen eingeschränkten Personenkreis bezogene menschliche Erwiderung auf naturgegebene Stoffe handelt. Sie zeugt vielmehr von der neuen Beziehung der zivilisierten Menschheit zur Natur.

Wenn also das Verhältnis zwischen dem Menschen und seiner Technik die Vergegenständlichung der in den Menschen eingegangenen geistigen Dimension ist, so sind die konkreten Einzelerscheinungen in der technischen Welt zwar austauschbar, jedoch jedes Einzelstück ist Bestandteil des Gesamtphänomens Technik. Und einzig in Bezug auf die Allgemeinheit des Vorherrschens der Technik erhält das besondere technische Phänomen seinen Sinn. Das bedeutet, jede technische Besonderheit ist die sinnvolle Äußerung dieses allgemeinen Wesens der Zivilisationskultur. Auch hier ist keine Seite des Gegensatzes gegenüber der anderen in irgendeiner Art dominierend, weil erst beide zusammen als Einheit und gleichzeitige Gegensätzlichkeit das Gesamtphänomen Technik mit ihren Bestandteilen entstehen läßt – demzufolge, wie bereits mehrfach erwähnt, diese Einheit und Gegensätzlichkeit des Gegensatzes selbst eine Einheit bilden.

Das logische Verhältnis zwischen dem Göttlichen, genauer dem menschlich Anderen des Menschen, und dem Menschen kommt uns heute also in vergegenständlichter Form als technische Welt entgegen, nämlich als Antwort auf unsere technisierten Vorgehensweisen.

Daß die technischen Errungenschaften vielen dennoch erneut als tatsächliches äußeres Hereinbrechen von Fremdem erscheinen, hat seinen Grund darin, daß der Mensch seine geistige Tätigkeit der Vergegenständlichung zunächst nicht durchschaut, er führt sie vielmehr nur aus. Doch das daraus entstehende abstrakte Erscheinungsbild der Außenwelt macht es ihm diesmal leichter, es als seine verwirklichte geistige Veräußerung zu erkennen. Der Gegenwartsmensch weiß, daß er selbst die äußere Realität geschaffen hat. Er ist der Schöpfer der Welt der Technik, obwohl diese ihn gleichzeitig bestimmt und formt, wie seine Reaktionen auf diese Technik zeigen – so zum Beispiel in Form der Faszination oder der Furcht.

Indem der Mensch vornehmlich in den letzten beiden Weisen auf seine geschaffene technische Welt antwortet, bestätigt er sich selbst, daß er seine Beziehung zur Technik noch nicht im ganzen Ausmaß versteht. Die fesselnde Wirkung des technischen Fortschritts wie auch die Ängste vor seinen Folgen würden sich auflösen, wenn der Zivilisationsmensch in seiner Weltbegegnung die Wechselbeziehung zwischen sich und seiner Welt begriffe.

Das Ergebnis eines solchen Begreifens ist das Erlangen der menschlichen Souveränität in den technischen Sphären, die das Mensch-Sein in ihnen erst zur Geltung bringt. Dann steht der Mensch an der Schwelle der Erkenntnis, daß er selbst der Schöpfer seiner geistigen Welt ist. Er wird sich bewußt, daß er mit der Reaktion auf seine technische Wirklichkeit diese verändert. Eine solche Umformung wirkt ihrerseits auf den Menschen zurück und fordert ihn zu einer erneuten Erwiderung auf seine Welt heraus, die diese abermals wandelt. Der Mensch erkennt hierauf die Abhängigkeit von seiner Welt, wie auch die gleichlaufende Bedingtheit seiner Welt von ihm.

Mit einer solchen Einsicht steht er außerhalb des eben beschriebenen Wechselverhältnisses mit seiner Welt, und zwar in der Weise, daß er in ein neues kommt, nämlich dem zwischen seinem aktuellen Begreifen und dem nun begriffenen alten Wechselverhältnis, das so als Aufgehobenes im neuen Wechselverhältnis weiterexistiert.

Der Mensch kann also aus keinem Verhältnis von Bewußt-Sein heraustreten, ohne in ein neues zu gelangen. Genau das ist die Charakteristik der Bodenlosigkeit jeglicher Erkenntnisse. Denn diese können sich auf nichts anderes gründen als auf ihre vorlaufenden Vorstellungen, ebenso wie letztere auf ihre geschichtlichen Werdegänge usw.; das heißt, es ist kein Beginnen, kein Anfang von Wissen fest-zu-stellen.

Ein derartiges Begreifen der Wirklichkeit von Bewußt-Sein, folglich das Erfassen der dialektischen, konkreter der sprachlichen, Verbindung von Mensch und Welt, würde den Menschen befähigen, seiner Welt liebend zu begegnen, weil er unter dieser Voraussetzung versteht, daß er sich im Verhalten zu ihr gleichzeitig zu sich selbst verhält.

Eine solche Liebe (und mit diesem Wort ist das Phänomen als menschliches, also geistiges, Erleben und nicht als Ausleben bloßer biologischer Triebreaktionen gemeint) würde bei ihm ein Verantwortungsgefühl zu seiner Lebensdimension entstehen lassen, das über die moralischen Forderungen des „ich muß“ oder des „du sollst“ hinausreicht. Es erwächst vielmehr aus der Einsicht, daß sämtliches Tun und jegliche Unterlassung aller Menschen zusammen in der Wirklichkeit der menschlichen Welt widergespiegelt werden, und somit als Weltereignisse auf den Menschen zurückkommen.

Wenn eine begriffene menschliche Weltbegegnung als liebend charakterisiert wird, so bedeutet das also nicht, daß sich der Zivilisationsmensch zu seiner Welt leidenschaftlich verzehrt. Die Liebe, die aus einem Begreifen erwächst, beinhaltet auch keinen Besitzanspruch, sie ist vielmehr die Zurücknahme jeglicher Forderungen, womit sich auch die Selbstbehauptung des „Ichs“ in seiner Ausschließlichkeit auflöst. Das „Ich“ verschwindet allerdings auch hier nicht einfach, der Mensch steht weiterhin der Welt gegenüber. Aber das „Ich“ hebt sich insofern auf, als es sich jetzt wieder zur Welt dazugehörend weiß – freilich als von ihr getrennt. Das kennzeichnet schließlich das menschliche Erleben der Liebe, bei dem sich der Liebende zum Geliebten in seiner Trennung zugehörig weiß. In der Liebe gibt es nicht eine zufällige Ergänzung von Austauschbarem, in ihr erlebt der Liebende in der Unterscheidung zum Geliebten die Wirklichkeit eines konkreten Ganzen. Die Verneinung der einen Seite, die diese und damit den Gegensatz zum Verneinenden erst entstehen läßt, ist in der Liebe zugleich ein Verstehen dieser Verneinung und somit eine menschliche Begegnung, bei der der Gegensatz aufgehoben wird, indem er als erkannter erhalten bleibt.

Diese Art der Auflösung des „Ichs“ ist demnach die dritte logische Verneinung. Die erste erzeugt den Gegensatz von Mensch und menschlicher Welt, die zweite bedeutete die Emanzipation von dieser ersten geistigen Dimension zum geistigen Status des außerweltlichen „Ichs“, die dritte schließlich ist die Verneinung des außerweltlichen „Ichs“ als ausschließlich Weltfremdes und somit das Zurückholen des Menschen als „Ich“ in die Welt, wie sie dem „Ich“ nach den ersten zwei Verneinungen erscheint.

Da die Menschheit jedoch erst am Anfang ihrer Zivilisationskultur steht, herrscht gegenwärtig noch keineswegs ein solches Einsehen in einer Breitenwirkung vor. Im Gegenteil, trotz des unübersehbaren äußeren Erscheinungsbildes der technischen Welt bestimmen vordergründig immer noch weitgehend Lebensformen der religiösen Kulturstufe den Alltag.

Das religiöse Göttliche hat in der zivilisierten Welt gleichwohl keine metaphysische Erstreckung mehr, es ist seelen- bzw. geistlos geworden. Aus diesem Grund ist es nahezu uneingeschränkt für alle möglichen Zwecke verwendbar. Es dient zur Werbung für bestimmte Ziele genauso gut wie als Mittel zur Weltflucht. An das religiöse Göttliche kann in der zivilisierten Welt lediglich noch geglaubt werden, es erschließt sich dem Menschen nicht mehr durch eine geistige Weltauseinandersetzung.

Daß die heutigen Menschen weiterhin versuchen,

sich am religiösen Göttlichen zu orientieren, sei es in gläubiger Anbetung oder in sogenannter atheistischer Ablehnung, offenbart ihr noch weitgehend unbegriffenes Handeln in ihrer zivilisierten Welt. Deshalb sind sie oft Getriebene, die blind für ihr Tun sind. Nicht selten revoltieren sie gegen die Ergebnisse ihrer eigenen Taten. Sie können beispielsweise im Berufsleben Waffen herstellen, um ihren Lebensunterhalt in der menschlichen Gesellschaft zu verdienen, und gleichzeitig in der Freizeit gegen den Einsatz bzw. die Verwendung dieser Waffen demonstrieren – natürlich wirkungslos. Bei einem solchen Mißverhältnis kommt deutlich zum Vorschein, daß die Gegenwartsmenschen bei der Betrachtung ihrer Lebenssituation noch nicht bei dem geistigen Niveau angelangt sind, das sie mit ihrer zivilisierten Welt bereits geschaffen haben.

Die Entwicklung in der Zivilisationskultur schreitet ungeachtet dessen weiter voran.

Die zunächst erforderliche Vergegenständlichung der Bewußtseins- oder Kulturstufe der Zivilisation wird mit ihrer Umsetzung gleichzeitig wieder abgearbeitet, oder anders gesagt, vergeistigt.

Das zeigt sich am eindrucksvollsten beim Geld, das mittlerweile fast allen Gegenständen und vergegenständlichten Ereignissen einen allgemeingültigen Wert gibt. Das Geld verknüpft die beliebig scheinende Vielfalt der Besonderheiten zu einer Einheit, indem es die Bedeutsamkeit aller einzelnen Gegenstände und Geschehnisse an dem Anteil festsetzt, der mit den jeweils anderen Dingen und Begebenheiten in einen Zusammenhang gebracht werden kann, nämlich dem zählbaren.

Diese Bezüglichkeit ist nur noch geistig faßbar. Sie erfährt mittlerweile das Übergewicht im wirtschaftlichen Prozeß, indem in ihm vornehmlich danach gehandelt wird, wie mit möglichst wenig materiellem und produktivem, also wiederum zählbarem, Aufwand ein maximaler Geldwert zu erzielen ist. Die produzierte Ware ist demnach zum überwiegenden Teil Mittel zum Zweck des Gelderwerbs geworden, sei es bei ihrer Herstellung oder beim anschließenden Handel mit ihr. Das erzeugte Produkt vermittelt kaum mehr aus sich selbst heraus die Notwendigkeit seiner Fabrikation. Das ist eine Bedingung für die heute stattfindende Massenfertigung, also die Schaffung von Waren, die in dieser Menge nicht sinnvoll verbraucht werden können. Deren Ergebnis ist dann ein riesiger Müllberg, den die Zivilisation nur mit Not entsorgen kann.

Das Geld, das zwischen den Gegebenheiten der vergegenständlichten Welt Beziehungen stiftet, muß zunächst selbst vergegenständlicht werden, ehe der Mensch es in eine unsichtbare Wirklichkeit verwandeln kann, sprich vergeistigt. Anfänglich hatte das Geld noch einen Eigenwert durch das Material, aus dem es bestand. Gold- und Silbermünzen besaßen zum Beispiel einen höheren Wert als Kupfergeld.

Später wurde die Materialbezogenheit durch das Papiergeld aufgehoben, obwohl zunächst die Geldscheine immer noch einen materiellen Orientierungspunkt benötigten. Dieser war das Gold, genauer sein Verkaufswert.

Heutzutage ist selbst der Geldverkehr mit Papiergeld im bedeutsamen Maße „zum bargeldlosen Zahlungsverkehr und zur Kreditkarte immaterialisiert. Gehälter werden heute nicht mehr ausgezahlt. Weder erhält der Lohnempfänger noch etwas, noch gibt die Firma etwas weg. Das einzige was geschieht, ist, daß elektronisch einige Datenbits verändert werden. Das Geld ist … in den Status … des reinen Scheins gebracht, bzw. es ist objektiv dargestellt, in diesem Status zu sein. Aber von diesem Schein kann der Gehaltsempfänger tatsächlich leben. Dieses Wunder zu sein, das Wunder nämlich, als Schein Realität (hier Kaufkraft) zu haben, das ist der Geist.“ (Giegerich „Animus-Psychologie“, S.241)

Das Geld ist „wirklicher Weltumgang des Menschen“ (ebd.). Demgemäß ist die Bedeutsamkeit der Wirklichkeit des Geldes keine private Ansicht, das Geld „herrscht über das öffentliche Leben mit fragloser Macht.“ (ebd., S.242) Der Gegenwartsmensch kann sich den Mechanismen und Wirkungen des Geldwesens nicht entziehen. Es verbindet die Lebensschicksale aller Einzelwesen und bestimmt deren Existenzen.

Bedeutet also die technische Welt in der Zivilisationskultur die Veräußerung der geistigen Dimension zwischen dem Menschen und seinem Göttlichen, so haben wir im bargeldlosen Geldverkehr eine Darstellungsform für die Rückkehr der göttlich-menschlichen Veräußerung zum Menschen. Das bedeutet unter anderem, daß die Vorstellung von einer jeweils für sich bestehenden Innen- und Außenwelt aufgelöst wird.

Doch das logische Zurückkommen des Veräußerungsbestrebens der geistigen Ausdehnung des Zivilisationsmenschen ist durch das Geld zunächst die Vergegenständlichung der Rückkehr. Sie ist noch keine wahrhaftig geistige Rückbewegung, vielmehr ein vergegenständlichter Abbau der Vergegenständlichung. Denn „das Geld, mag es auch noch so sehr zur Immaterialität verdampft sein, ist immer noch ‚Etwas'. Es ist gerade das Immaterielle als Etwas, als Substanz. Es ist äußerst real. Es ist noch nicht wahrhaft Geist geworden: es hat nur alles Natürliche nach und nach in sich reflektiert, aufgehoben, außer Kraft gesetzt, aber es hat sich selbst noch nicht reflektiert. Es behauptet noch seine Macht als Gewaltherrscher über das Leben der Menschheit, in den Industrienationen genauso wie in der Dritten Welt ..." (ebd.) Das Geld ist wie die Wissenschaft „realisierter Positivismus. Positivismus jedoch ist die Setzung der Negativität als positive Macht, als Seiendes ... Der Geist kommt erst wirklich zu sich, wenn seine Negativität sich auf sich (die Negativität) selbst richtet: absolut negativ in sich erinnert wird." (ebd.) Das heißt, der Zivilisationsmensch muß lernen zu begreifen, daß er seine geistigen Prozesse veräußert hat und mit einer weiteren Vergegenständlichung abbauen will. Versteht er beides als seine geistige Aktivität, ist er wirklich bei sich als Mensch angelangt. Er kann eben nur Mensch sein, wenn er über andere Menschen (Geistwesen) und über seine (geistig geschaffene) Welt sein Menschsein erfährt.

In welcher Weise könnte er eine solche Einsicht bekommen? Fast alle Dinge und Ereignisse in der zivilisierten Welt werden durch den Geldwert miteinander gleichgesetzt. Im selben Maße, wie die Gegenstände und Geschehnisse durch das Geld einen quantitativen Stellenwert erhalten, werden sie in ihrer qualitativen Bedeutung gemindert. Wenn heute beispielsweise bei Auktionen ohne Unterschied alte Kunstwerke und Alltagsgegenstände von populären Menschen der Gegenwart versteigert werden, so dokumentiert sich darin die Gleichschaltung dieser Dinge, die noch in der religiösen Kultur ein unvergleichbares Bedeutungsgewicht gehabt hatten. Es spielt inzwischen eine untergeordnete Rolle, ob ein Gemälde von Rubens oder die Gitarre eines bekannten Musikers bei solch einer Veranstaltung feilgeboten werden. Das eine wie das andere ist gleich wertvoll oder wertlos; schließlich, oder zumindest in erheblichem Maße, abhängig vom Grad der Interessiertheit der potentiellen Käufer.

Der qualitative Gehalt der gegenständlichen Welt wird demnach im Laufe der Fortentwicklung der Zivilisationskultur verdampfen, weil der Rang des Geldes im Da-Sein des Menschen auch künftig weiter steigt. Die Folge ist, daß die Gegenstände und die vergegenständlichten Begebenheiten immer austauschbarer werden, sich letztlich ebenso wie das Geld für den Menschen immaterialisieren – zumindest in Bezug auf ihre Eigenwertigkeit.

Durch diese fortschreitende Immaterialisation der gegenständlichen Welt verbleibt schließlich die Gesamtbewegung der geistigen Akte, die diese Gegenstandswelt erzeugt, beim Denkenden. Dann hat der Zivilisationsmensch keinen äußeren Orientierungspunkt mehr, ohne ihn gleichzeitig als Ergebnis seines Denkens zu verstehen. Seine ganze Bewußtseinsbewegung kann er daraufhin als Einheit von Denkakt und dem, was der Denkakt wahrnimmt, genauer, denkt, erfahren. Die göttlich-menschliche Erstreckung ist in einem solchen Status die ge- bzw. bewußte geistige Dimension des Menschen.

Das Göttliche kehrt so, mythisch gesprochen, wie das „Ich" auf die Erde zurück. Diese ist allerdings eine neue Erde, ähnlich dem „neuen Jerusalem" der christlichen Offenbarung, weil nun das Göttliche als Begriffenes beim Menschen ist. Die dadurch verwandelte Welt kommt dem Menschen hierauf als Welt des Bewußt-Seins und nicht mehr als eine ihm ausschließlich fremde zu. Sie bleibt das Andere des Menschen, aber sie ist das gedachte Andere des Denkenden, unabhängig davon, ob sie sich ihm als Naturphänomen oder als Technik präsentiert.

In den der Zivilisation vorangegangenen Kulturepochen haben sich die menschlichen Auffassungen vom Göttlichen und dem Tod gegenseitig entsprochen. Beide Erscheinungen sind jeweils das Andere des Menschen, mit dem Unterschied, daß das Göttliche das menschliche Andere darstellt, während der Tod das un-menschliche Andere ist.

Im Da-Sein des religiösen Menschen sind das Göttliche und der Tod zu Grenzpunkten des Anfangs und des Endes geschmolzen. Dabei hat das Göttliche gegenüber dem Tod eine deutlich hervortretende Präsenz in der Lebensauseinandersetzung erhalten. Ungeachtet dessen wandelt sich auch in der religiösen Kultur mit dem Verständnis des Göttlichen die Auffassung vom Tod (wie ebenso umgekehrt). Das zeigt sich in dieser Kulturstufe vornehmlich bei der individuellen Erfahrung beider Phänomene. Da die Begegnung mit dem Göttlichen in ihr ein persönliches Ereignis ist, wird auch der Tod dem entsprechend als Persönlichkeitserlebnis erfahren.

Sind in der entstehenden Zivilisationskultur ebensolche Parallelen in der logischen Seinsweise des Göttlichen und des Todes festzustellen? Dann wäre der Tod wie das Göttliche „in den Menschen“ eingegangen. Die oben beschriebene Verdrängung des Todes aus der menschlichen Außenwelt würde das bestätigen. Die Privatisierung dieses Phänomens könnte das Sinnbild dafür sein. Der Zivilisationsmensch muß sich mit dem Tod weitgehend allein beschäftigen, und erlebt ihn nicht selten in Vereinsamung.

Vor Jahrzehnten starben zum Beispiel noch viele Menschen im Kreise der Familie, fanden unter ihren Verwandten die letzte Ruhe. Da sich jedoch die gesellschaftliche Organisationsform der zusammenlebenden generationsübergreifenden Familie immer mehr auflöst, allein schon wegen der räumlichen Flexibilität, die das Berufsleben von den jüngeren Altersgruppen mittlerweile fordert, sterben heute viele alte Menschen entweder einsam in den eigenen vier Wänden oder unter der Obhut fremder Hände im Krankenhaus bzw. im Altersheim.

Auch die Trauer der Hinterbliebenen verbleibt bis auf die übriggebliebene Zeremonie der Beerdigung im privaten Sektor. Der Tod hat als Lebenserscheinung keine öffentliche Bedeutung mehr.

Dennoch bleibt dem Zivilisationsmenschen das Phänomen des Todes immer gegenwärtig. Er versteht das Sterben als Vernichtung der Persönlichkeit, sei es bei der Trauer über den Verlust gestorbener Bekannter oder sei es mit dem daraus folgenden Wissen des späteren endgültigen Wegfalls der eigenen Existenz im Da-Sein. Jetzt tritt also der Tod in den schroffsten Gegensatz zum menschlichen Leben, weil dieses vom Zivilisationsmenschen mit der Existenz des persönlichen „Ichs“ gleichgesetzt wird. Gegenüber dem einzelnen menschlichen Da-Sein ist der Tod nunmehr das unumkehrbare Nicht-Sein dieser speziellen Individualität. Das eigene Sterben bedeutet demnach für den Gegenwartsmenschen nicht mehr Wandlung in eine andere Form des Seins, sondern völliges Verschwinden. Für ihn geht mit seinem Ableben nicht nur seine Gegenwart verloren, er hat dann für sich auch keine Vergangenheit und Zukunft mehr, genau genommen, er hat alle drei Zeitdimensionen von dem Augenblick an für sich niemals besessen.

Die Überzeugung von geistigen Existenzen außerhalb des weltlichen Da-Seins ist schon mit der Einkehr des Göttlichen in den Menschen weitgehend verschwunden, denn die metaphysische Dimension erstreckt sich so nicht mehr bis in den äußeren, also außerpersönlichen Bereich. Das Phänomen des Todes scheint ebenfalls an die existierende Persönlichkeit gebunden zu sein. Der stark ausgeprägte Drang nach persönlicher Selbstverwirklichung signalisiert zumindest, daß der zivilisierte Mensch seine Einzelexistenz in Bezug auf die Außenwelt als einmalig und begrenzt versteht.

Dem zivilisierten Bewußt-Sein ist also der Tod die Verfallenheit zu Nichts. Diese Einsicht wird zunächst ebenso veräußert, wie schon die Beziehung des Menschen zu seinem Göttlichen. So versteht heute der Zivilisationsmensch beispielsweise seinen Lebensraum auf der Erde als eingeschlossen von einer Weite des Weltalls, die er nicht absehen kann. Diese räumliche Unabsehbarkeit bedeutet, daß sich das Weltall bis zu Nichts ausdehnt. Der Weltraum hält zudem kaum Existenzbedingungen für den Menschen bereit, er erscheint ihm vorerst als toter, gefahrvoller Raum. Nicht allein sogenannte schwarze Löcher werden als lebensbedrohlich angesehen, auch mögliche Meteoriteneinschläge bedeuten für viele Menschen eine durchaus existierende kosmische Gefahr, obwohl ihr persönliches Leben durch alltägliche Unfälle oder Kriege wesentlich stärker gefährdet ist.

Die Suche nach menschenähnlichem Leben im All ist die Kehrseite derselben Anschauung, den erdfernen Raum als einen toten zu verstehen – aber eben mit der gleichwohl schwachen Hoffnung, dort Lebendiges zu entdecken.

Desweiteren hat sich der Mensch mit der Technik auch auf der Erde ein äußeres Abbild des Todes als Nichts geschaffen. Vermag nämlich der Mensch den technischen Bewegungsapparaten nicht beständig Energie zuzuführen, verharren sie bewegungslos. Ändert sich dieser Zustand nicht, würden sie mit der Zeit zu Staub zerfallen, wie der menschliche Leib nach seinem Ableben. Die vom Menschen geistig geschaffene Technik ist und bleibt also an ihn gebunden. Hier wird die dialektische Verknüpfung des Gegensatzes zwischen dem Menschen und seiner Welt deutlich sichtbar.

Die Veräußerungen der Vorstellung des Todes als Nichts sind freilich nicht so offenkundig wie die Vergegenständlichungen des logischen Zusammenhanges des Göttlichen und des Menschen. Hinzu kommt noch, daß eine solche Einsicht erschwert wird durch das gegenläufige Bemühen des Gegenwartsmenschen, die Erscheinung des Todes ganz aus seiner Welt zu verbannen, das heißt, vor ihr so gut wie möglich die Augen zu verschließen. Ein derartiges Wegsehen scheint mittlerweile das einzige Mittel zu sein, die Erkenntnis des mit dem Tod eintretenden Persönlichkeitsverlustes zu kompensieren.

Doch wie gelingt ein solches Ausklammern? Zum Beispiel durch Abdrängen des Todes in ein bedeutungsarmes Später, das den Menschen in der jeweils aktuellen Situation nicht direkt berührt.

In der Medizin der Zivilisationskultur zeigt sich diese Bestrebung eindrucksvoll. Das allgemeine Ziel der medizinischen Behandlungen ist heute die Lebensverlängerung. Auch wenn es vordergründig den Anschein hat, als ob die ärztlichen Therapien vornehmlich auf die Gesunderhaltung oder die Heilung von Krankheiten ausgerichtet sind, deutet beispielsweise die frühkindliche Prophylaxebehandlung darauf hin, daß es in der Medizin bereits mit der Geburt des Menschen in erster Linie darum geht, ihn mit möglichst wenig Krankheiten so lang wie möglich am Leben zu erhalten. Wenn noch vor einiger Zeit die Ärzte nicht selten als „weiße Götter" bezeichnet wurden, so bedeutete das weniger eine Selbstverherrlichung der Ärzteschaft, sondern drückt die Faszination der Patienten und der Ärzte für den rasanten medizinischen Fortschritt aus, der dazu beiträgt, die menschliche Lebensdauer generell deutlich zu verlängern.

Dabei entsteht zugleich die Erwartungshaltung, daß mit der zeitlichen Erweiterung des persönlichen Lebens für dieses nach Möglichkeit auch bis zum Ende wenige gesundheitliche Einschränkungen auftreten. Denn Krankheiten veranschaulichen die Hinfälligkeit des Menschen und sind somit ein Erscheinungsbild des Todes. Die Vermeidung bzw. die schnelle Beseitigung von Krankheiten soll verhindern, daß der Mensch in den Spiegel seiner individuellen Vergänglichkeit schaut.

Das Fernhalten des Phänomens des Todes ist eine Lebensqualität des Zivilisationsmenschen geworden. Deshalb werden beispielsweise, neben ganz praktischen Erwägungen, die schwerkranken Menschen in isolierten Krankenhäusern untergebracht. Sie durften dort zudem noch vor wenigen Jahrzehnten nur sehr eingeschränkt besucht werden. Erst als erkannt wurde, daß den Kranken die Begegnungen mit Freunden, Bekannten und Verwandten eine geistige Stärkung bedeuten, die den Genesungsprozeß unterstützt, erfuhren solche Begrenzungen eine Lockerung.

Auch die Dynamik der Entwicklung in der Genforschung hat einen Grund in dem Wunsch der Verbannung der Erscheinung des Todes aus der menschlichen Existenz, vornehmlich durch die Verhinderung leidvoller Krankheiten. Erbdefizite oder Erbdefekte sollen in absehbarer Zeit durch direkte Eingriffe ins Erbmaterial vermieden werden.

Es spielt übrigens in Bezug auf das Motiv des angestrebten Zieles dieser Forschung eine untergeordnete Rolle, ob die wissenschaftlichen Untersuchungen Menschen, Tiere oder Pflanzen betreffen. Pflanzen durch Genveränderung gegen Umwelteinflüsse widerstandsfähiger zu machen, heißt letztlich nichts anderes, als Ertragsverluste, oder anders ausgedrückt Einschränkungen von Lebensmöglichkeiten des Menschen, weitestgehend abzuwenden. Die Beweggründe der Durchführung von Genmanipulationen sind also immer ähnlich gelagert, unabhängig vom Objekt, an dem sie vorgenommen werden.

Die Genforschung erfreut sich indes in der Öffentlichkeit keiner ungeteilten Zustimmung. Vielmehr werden die Wissenschaftler mit einem deutlich ausgesprochenen Protest gegen ihre Studien konfrontiert. Die leidenschaftlich artikulierten Bedenken richten sich jedoch nicht gegen den Umstand der Erkundung neuer wissenschaftlicher Gebiete, sondern gegen noch unbekannte Risiken beim direkten Eingriff in die Erbmasse, die vielleicht das Wohlergehen der Menschen beeinträchtigen könnten. Woraufhin die Forscher diesen Argumenten mit dem möglichen Endergebnis ihrer Arbeit begegnen, daß es durch ihre Untersuchungen und Versuche einmal sein könnte, bestimmte Krankheiten völlig aus dem Leben des Menschen verschwinden zu lassen, oder die Hungersnot zu beseitigen, trotz der vermeintlich unaufhaltsam fortschreitenden Bevölkerungsexplosion auf der Erde und der dementsprechenden weltweiten Verringerung der Anbaufläche von pflanzlichen Lebensmitteln. Beide Seiten, die Befürworter und die Gegner der Genforschung, haben also das gleiche Interesse, nämlich menschliche Lebenseinschränkungen zu vermeiden. Erstere richten dabei den Blick vornehmlich in die Zukunft, während letztere insbesondere die Gegenwart berücksichtigen.

Eine ganz andere Form, die Vergänglichkeit so gut es geht aus dem menschlichen Leben zu verbannen, ist die Bewahrung des ursprünglichen Bildes von Bauwerken. Gebäude, die keine fünfzig Jahre alt sind, stehen heute zum Teil schon unter Denkmalschutz, um sie vor der sichtbaren Veränderlichkeit zu bewahren. Damit werden sie freilich leblos, weil ihnen keine Verschmelzung mit der aktuellen Zeit mehr gewährt wird; sie werden vielmehr konserviert.

In der Vergangenheit war dies anders. Kirchen wurden zum Beispiel in der religiösen Kultur bei Erweiterungen, Umbauten oder späteren Fertigstellungen dem jeweils vorherrschenden Baustil angepaßt. Die Veränderungen unterlagen also dem augenblicklichen Zeitgeschmack und die Bauten erfuhren so eine lebendige Umgestaltung.

Weil der Zivilisationsmensch beständig bemüht ist, das Sterben aus seinem Da-Sein fortzudrängen, bemerkt er nicht, daß sein Alltag von toten Dingen angefüllt ist, denn er ist blind geworden für die Wirklichkeit des Todes in seiner unmittelbaren Existenz.

Dabei sind beispielsweise viele Alltagsgegenstände schon mit dem persönlichen Erwerb leblose Gebrauchsgegenstände geworden, die mit leichter Hand entsorgt werden, wenn sie nicht mehr von praktischem Nutzen sind. Es entsteht kaum noch eine individuelle Beziehung zu ihnen. Das zeigt sich vorzüglich bei Möbeln, die in den Wohnungen in immer kürzeren Zeitspannen ausgetauscht werden. Nur noch selten werden Möbelstücke weitergegeben oder vererbt, weil sich mit ihnen private Erinnerungen verbinden und demzufolge ihr Gebrauchswert durch eine ideelle Bedeutungsdimension bereichert wird. Die Charakterisierung der Zivilisation als Wegwerfgesellschaft ist demgemäß nicht allein eine wertende Betitelung der markt- und somit verkaufsorientierten Wirtschaft, die zudem zum ständigen Wachstum angehalten ist, sondern gleichzeitig ein erstes Erahnen des Gegenwartsmenschen, daß er in einer Welt toter Objekte lebt.

Schließlich bekunden auch noch die Dokumente der Geisteswissenschaften in den letzten Jahrzehnten, daß der Mensch der Erscheinung des Todes ausweicht, anstatt daß er sie zu begreifen versucht. Das Phänomen des Todes erhält in der geistigen Weltauseinandersetzung schon lange nicht mehr die Würde, die es im menschlichen Leben besitzt. Zwar gibt es einige umfangreiche, insbesondere soziologische Analysen, die die Begegnung des Menschen mit dem Tod betrachten, doch wird dieser selbst dabei kaum berührt, sondern vornehmlich das menschliche Verhalten zu ihm untersucht. Der Tod wird so lediglich indirekt beleuchtet, und zwar in der Weise, als ob er eine Begebenheit wäre, die außerhalb bzw. an der Grenze des menschlichen Lebens auftritt.

Am sichtbarsten wird allerdings der Versuch, den Tod aus dem Dasein zu drängen, in dem Bemühen, die nächtliche Dunkelheit – ein Sinnbild des Todes – mit künstlicher Tageshelle aufzuheben. Städte und auch Dörfer sind heute in der Nacht hell erleuchtet, und die heimischen Wohnungen strahlen zu abendlicher Stunde in einer derartigen Helle, daß die Nacht draußen fast vergessen wird. Nicht selten wird über die Mitternacht hinaus der Freizeitbeschäftigung mit den verschiedensten Aktivitäten nachgegangen; dementsprechend beginnt die Tagesaktivität nicht mit der Morgenröte, der Künderin des kommenden Lichtes. Auch ist die Nacht schon lange nicht mehr eine Zeit, in der die Arbeit ruht. Für das menschliche Werken gibt es wenn möglich den Vierundzwanzigstundentag, der die nächtliche Entspannung nicht mehr kennt.

Infolge all dessen erfährt der Mensch den Tod als ein für ihn fremdes Schicksal. Mit etwas völlig Fremdem ist allerdings keine Versöhnung möglich. Dann bleibt nur die Furcht und der Schrecken vor dem Sterben, die in eine Lebensweise der Menschheit münden, die weit größere Schrecknisse auszulösen vermag, wie die von Tötungen gekennzeichnete Zivilisationskultur täglich offenbart.

Unbegrenzt verstandenes Leben setzt dem Tod im menschlichen Leben ebenfalls keine Grenzen. Denn beide Erscheinungen von Bewußt-Sein stehen in einem solchen Gegensatz zueinander, daß ihre voneinander abhängige Gegensätzlichkeit den Gegensatz erst existieren läßt. Das bedeutet eben auch, daß jede Veränderung auf der einen Seite des Gegensatzes zu einer dementsprechenden Wandlung auf der jeweils anderen Seite führt.

Der Mensch muß dahin kommen, den Tod als notwendig zugehörig zu seinem Leben zu begreifen, wenn er das Vermögen erlangen will, eine Antwort auf dessen Anwesenheit zu finden und zu geben. Dies ist die Grundvoraussetzung dafür, daß er eine Verantwort-ung für ihn entwickeln kann. Erst dann wird er beispielsweise in seinem praktischen Handeln in der Lage sein, ein bewußt herbeigeführtes Töten von anderen Menschen zu verhindern.

Bei letzterem geht es weniger um eine tatsächlich ausgeführte Tötung, mit der heute ein Großteil der zivilisierten Menschen nicht mehr konfrontiert ist, sondern um das Einverständnis, den Tod von anderen menschlichen Wesen für eigene Interessen in Kauf zu nehmen. Der Gegenwartsmensch gibt zum Beispiel seine politische Einwilligung für kriegerische Handlungen, obwohl sein niemals wiederkehrendes persönliches Leben aufgrund des Wissens von der individuellen Endlichkeit so wertvoll für ihn geworden ist, wie in der gesamten menschlichen Geschichte noch nicht.

Hierbei glaubt der Mensch offenbar, sich als Einzelner aus einem Teilbereich des lebendigen Weltgeschehens heraushalten zu können. Dabei kann er dem Tod eines Anderen nur bewußt zustimmen, weil er selbst sich als Sterblicher weiß. Gleichzeitig ist jeder Sterbefall ein Entgegenkommen des eigenen Schicksals als Sterblicher. Zwar wird eine außerpersönliche Fügung als etwas individuell Fremdes erfahren, doch die im allgemeinen immer größer werdende Hemmschwelle der zivilisierten Menschen, Kriege zu führen, insbesondere wenn die ersten Kriegsopfer im direkten Umfeld zu beklagen sind, weist auf eine entstehende Erkenntnis hin, daß ein gewollt herbeigeführter oder einkalkulierter Tod von Anderen im gleichen Zuge die eigene Gefährdung wesentlich deutlicher werden läßt – die zudem im Zusammenhang mit kriegerischen Konflikten willkürlich und damit unkontrollierbar erscheint. Das ist mittlerweile für den Menschen keine annehmbare Antwort mehr auf sein Tun. Die Abschaffung der Todesstrafe in vielen zivilisierten Ländern ist ein weiterer Erweis für eine solche langsam wachsende Einsicht (wenn diese auch nicht der alleinige Grund dafür ist, ein derartiges Mittel der Rechtsprechung aufzugeben).

In der Zivilisationskultur wird der Tod fast ausschließlich als individuelles Ereignis erfahren. Mit dem Tod geht das Da-Sein des Einzelnen für ihn und für die anderen unwiederbringlich zu Ende. Für den

Sterbenden wird es zu Nichts, für die Weiterlebenden erscheint diese gewesene persönliche Existenz plötzlich in der Gegenwart als eine unausfüllbare Leere. Der Verlust ist für die Hinterbliebenen nicht wieder gut zu machen, weil er immer ein jeweils ganz spezieller ist.

Somit wird deutlich, daß der Mensch die Vergänglichkeit seiner individuellen Einzigartigkeit nicht allein aus sich selbst heraus erfährt, sondern in bedeutsamem Maße über seine Mitmenschen, genauer den Verlust von ihnen. Hiermit zeigt sich in einem äußeren Geschehen, daß jede sich bewußt werdende Vereinzelung nur aus dem gemeinschaftlichen Zusammenhang von vielen Einzelnen, die sich selbst als Einzigartige bewußt sind, entstehen kann. Anders ausgedrückt, die einzelne Persönlichkeit erkennt sich nur als solche, wenn sie von anderen Persönlichkeiten als eben diese anerkannt wird. Die Begrenztheit, die das Individuum aus sich selbst heraus erfährt, ist also ebenfalls nur durch seine unauflösliche Teilhaberschaft an der Gemeinschaft von sich als begrenzt verstehenden Individuen möglich.

Das, was der Zivilisationsmensch als Tod erfährt, ist demnach der Verlust von etwas Einmaligem, das nicht mehr wiederkehrt; unter anderem, weil es nicht in eine andere wie auch immer zu bezeichnende Sphäre versetzt wird, sondern schlichtweg mit dem Sterben nicht mehr ist.

In dieser Anschauungsform der Unersetzbarkeit ist

die Vorstellung eines Lebenskreises unmöglich geworden. Denn dieser drückt die besonderen Lebenserscheinungen als allgemeinen Vorgang aus. Der beständige Wechsel von Geburt und Tod stellt den allgemeinen Lebensrhythmus dar, den es ausschließlich durch die Einzelerscheinungen gibt, wie gleichzeitig umgekehrt allein durch das ununterbrochene Entstehen und Vergehen diese speziellen Phänomene erst zu einer Da-Seins-Bewegung kommen.

Das heutige Bild des Todes als endgültiger und unwiderruflicher Wegfall von etwas danach nie wieder Existierendem, entsteht demnach aus der Vorstellung des Zivilisationsmenschen, daß jedes Lebensphänomen im konkreten Fall eine einmalige, nicht wiederholbare Erscheinung ist. Eine solche Auffassungsweise ist wiederum allein bei einer Weltbegegnung des Menschen als einzigartiges „Ich“ möglich, mit der er eine völlige Autonomie gegenüber allem ihm Erscheinenden erlangt. Das erreicht er jedoch nur, wenn er vergessen hat, daß er selbst als dieser Einmalige nur existiert, weil ihm andere Einmalige (Menschen und Gegenstände) seine Einmaligkeit bestätigen. Durch dieses Vergessen wird für das „Ich“ jede Begegnung beispiellos und unwiederholbar, denn jetzt begreift sich das „Ich“ als feststehender Punkt in einem sonst sich unaufhörlich bewegenden Leben. Jeder Augenblick bereichert diese scheinbar feste Größe mit neuen Erfahrungen, sodaß Wiederholungen von Geschehnissen für das „Ich“ genau genommen nicht möglich sind. Es gibt sie nur näherungsweise, denn jedes gerade Geschehene umfaßt ja immer alle vorangegangenen Erfahrungen, ist demnach ständig etwas Neues, vorher so noch nicht da gewesenes. Es ist also eine sich gegenseitig bedingende Verknüpfung, daß dem nie zu ersetzenden „Ich" stets Unwiederbringliches geschieht.

Jedoch jede Besonderheit steht, wie bereits erwähnt, in einem Verhältnis zu anderen Eigentümlichkeiten. Es gibt keine bezugslose Eigenart, wodurch sie in ihrer unverwechselbaren Spezialität gleichzeitig allgemein ist, nämlich in Verbindung mit dem, gegenüber dem sie sich als Einzigartiges definiert. Die Bezugsseiten sind stets in ihrer Nichtidentität identisch. Jede Eigenheit unterscheidet sich von Etwas und hängt so mit diesem zusammen.

Demzufolge ist im Todesfall zwar der Verlust des Einzelnen festzustellen, aber da jede Einzelheit desgleichen allgemein ist, findet diese Allgemeinheit in neuen Besonderungen von Sterblichen ihre lebendige Fortsetzung. Das Allgemeine ist infolgedessen unsterblich.

Der Mensch der religiösen und zivilisierten Kultur sucht die Unsterblichkeit immer außerhalb seines Da-Seins, weil er sich nur als einmaliges „Ich" versteht und seinen allgemeinen Gehalt, der gerade in der Bezeichnung „Ich" im Gegensatz zu seiner speziellen individuellen Person zum Ausdruck kommt, weggeblendet hat. Mit dem Tod verschwindet die faktische

Besonderheit und es bleiben die anderen Besonderheiten als die Allgemeinen zurück, die das vormals existierende Faktum in ihrer allgemeinen Faktizität durch ihre Anerkennung entstehen ließen. Eine Allgemeinheit ohne die sie tragenden Besonderheiten ist nicht möglich, genauso wie es die Besonderheiten ohne die sie verbindende Allgemeinheit nicht gibt.

Kurzum, die Auffassung des Todes als Nichts ist ein Ergebnis der Weltbetrachtung des „Ichs“, die notwendig entstehen muß, wenn es sich als etwas ausschließlich Einmaliges und Weltfremdes sieht. Versteht sich der Mensch nicht als allgemeine Besonderheit bzw. besondere Allgemeinheit, sondern als „Ich“ in einer speziellen, nicht wiederholbaren Individualität, kann es für ihn auch keine wesensähnliche Wiederbelebung geben, eben weil er seinen allgemeinen Anteil nicht kennt. Dadurch erwächst der ausdrückliche Wunsch einer Überwindung des Todes in Form eines ewigen persönlichen Da-Seins nach dem Erdenleben.

Wenn die dialektische Beziehung zwischen Denkendem und seinem Denkinhalt oder, anders ausgedrückt, das nicht aufzuhebende Wechselverhältnis von Mensch und menschlicher Welt begriffen wird, erhält auch das Phänomen des Todes wieder seine Anerkennung als Erscheinung innerhalb der geistigen Dimension des Menschen. Dann ist das Unvermeidliche der sich gegenseitig entsprechenden Veränderlichkeit zwischen der Art der Geistigkeit des Menschen und seiner Auffassung vom Tod eingesehen, wie es beim Vergleich der verschiedenen Kulturepochen der Menschheit deutlich wird.

Mit einer solchen Erkenntnis verschwindet im konkreten Sterbefall jedoch nicht der Schmerz der Hinterbliebenen über den Verlust eines Mitmenschen. Er bleibt weiterhin eine unmittelbare Gegenwart, wie er in jeder Kulturausprägung vorhanden war und ist. Aber er findet seine Kompensation im weiter fortschreitenden allgemeinen menschlichen Leben, das auch dann kein Ende findet, wenn die Trauernden selbst ihr Da-Sein beenden, und bei anderen Menschen den Schmerz über eine Einbuße auslösen. Dieses Leiden erhält mit einer derartigen Anschauung eine Allgemeingültigkeit und verläßt dann den vornehmlich privaten Sektor. So würde das Phänomen des Todes wieder seinen Platz in der menschlichen Gemeinschaft bekommen.

Eine Wiederaufnahme der Erscheinung des Todes in die menschliche Gesellschaft erweitert den geistigen Umfang des Denkens über dieses Phänomen. Begreift der Mensch die Wirklichkeit des Todes, offenbart sie ihm ihre beständige Gegenwärtigkeit in der lebendigen Bewegung. Der Tod ist ein notwendiger Bestandteil des Lebens, das erforderliche Gegenteil.

Mit einem solchen Verständnis heben sich jegliche Verdammungsurteile gegenüber dem Tod auf. Der Mensch versteht sich dann als Lebewesen und Todeswesen in einem. Der Tod hört so auf, etwas außerhalb der menschlichen Sphäre zu sein. Einzig innerhalb des menschlichen Seins ist der Tod das Andere dessen, was der Denkende als Da-Sein erfährt. Das heißt, das Andere, das sich als Tod darbietet, ist des Menschen eigenes Anderes, ist demzufolge sein Tod.

Das Widersprüchliche dieses Wissens ist, daß der Einzelne den Tod nie persönlich an sich selbst erfahren wird, denn mit dem Sterben des Einzelwesens existiert für dieses daraufhin weder der Tod noch sein Mensch-Sein.

Der Tod ist also nur innerhalb der geistigen Dimension das Jenseitige des Da-Seins, das eben als andersartige Möglichkeit gegenüber dem Lebendigen den Gestaltungsspielraum des Menschen aufzeigt, der nichts anderes ist als Bewußt-Sein. Das gilt schon beim Großwildjäger in der Frühphase der menschlichen Entwicklung. Ihm eröffnet sich der menschliche Bewegungsraum durch das Aushalten seiner eigenen Negativität, also der Verhinderung einer Verschmelzung mit dem Tod, der plötzlich in der Jagdsituation in Erscheinung tritt durch den Blick des Großwildes auf den Jäger, der diesen als lebensgefährdend erfährt. Demgemäß kennt einzig das Tier, das sich von sich selbst befreit hat, sprich der Mensch, den Tod.

Für das bloß-biologische Wesen gibt es den Tod nicht. Aus diesem Grund tötet beispielsweise das sogenannte Raubtier nicht seine Jagdbeute, sondern stillt seinen Hunger, indem es zum Beutefang getrieben ist.

Der Tod existiert erst, wenn er als Bedrohung von sich bewußtem Leben erfahren wird, das heißt, wenn er durch die geistige Erstreckung entsteht und erkennbar ist. Allein in ihr begegnet der Mensch dem Tod, und er erfährt sich auch durch ihn als eine allgemeine Besonderheit, also als unvergängliche Vergänglichkeit oder unendliche Endlichkeit.

Daß das Wissen um den Tod dem Individuum seine Endlichkeit vor Augen führt, jedoch gleichzeitig durch die Allgemeingültigkeit des Todes und des Lebens das Vermögen zutage tritt, daß jegliche Besonderheit im Allgemeinen fortgesetzt werden kann, hat der Zivilisationsmensch noch nicht begriffen. Ungeachtet dessen handelt er danach.

Die Zeugung der Nachkommenschaft ist heute zum Beispiel kaum noch ein triebhaft gesteuertes biologisches Geschehen, sondern eine bewußte Entscheidung, die eigene individuelle Persönlichkeit fortzusetzen. Das zeigt sich insbesondere in der bis vor wenigen Jahrzehnten in dieser Intensität nicht gekannten Konzentration und Aufmerksamkeit, die die Eltern der Entwicklung ihrer Kinder schenken. Durch die Erziehung ihrer Nachkommen möchten Mutter und Vater ihren allgemeinen Lebensanteil weitergeben, sei es in Form von Wertevorstellungen oder eines Vorlebens des eigenen Alltags. Dieses Bemühen ist erst mit dem Ableben der Eltern beendet, denn die Anteilnahme an ihren Kindern bleibt in der Regel auch dann bestehen, wenn diese selbst Nachwuchs bekommen haben.

Damit zeigt sich, daß alles, was mit dem Wort Vererbung verbunden wird, mag es im biologischen, psychologischen oder rechtlichen Sinne aufgefaßt werden, ein Erweis dafür ist, daß der Mensch durchaus nach der Überzeugung agiert, daß die Individualität Bestandteile besitzt oder erzeugen kann, die in der Welt verbleiben, auch wenn die Einzelperson gestorben ist.

Wenn der Tod für den Einzelnen nicht ein erfahrbares außerbewußtes Anderes, sondern ein geistiges Element der jeweils augenblicklichen Situation von menschlichem Bewußt-Sein ist, das heißt, es nur innerhalb von Bewußt-Sein den Tod als offenbar außerbewußtes Anderes gibt, so gilt das ebenso für alle möglichen Existenzweisen außerhalb des bewußten Lebens. Auch über sie kann der Mensch nur in der geistigen Reichweite seines Da-Seins eine Aussage machen. Hierzu gehören alle jene Begebenheiten, die unter dem Begriff der Totenerscheinungen (allgemeiner: des Spiritismus) versammelt sind. Der Wirklichkeitsgehalt solcher Phänomene wird damit durchaus nicht geleugnet, doch sie bleiben lebendige Erscheinungen, und ihre Äußerungen aus einem möglichen weltfernen Jenseits verlassen keineswegs eine lebensgebundene menschliche Phantasie.

Die Phänomene des Todes wie des Göttlichen sind also Erlebnisweisen von Bewußt-Sein. Sie erscheinen in der menschlichen Weltauseinandersetzung und bestimmen demgemäß den Menschen in gleicher Weise wie sie vom Menschen bestimmt werden.

Beide Phänomene sind für den Menschen von unendlicher oder unbegrenzter Allgemeinheit. Im Verhältnis zu ihnen bestimmt er sich als endliche bzw. begrenzte Besonderheit.

Von der Endlichkeit gibt es für den sich bewußten einzelnen Menschen keine Erlösung, unabhängig davon, wie weit er einmal seine Existenz verlängern können wird. Er muß mit der Vergänglichkeit leben, genauer gesagt, es wieder lernen.

Dazu ist es unter anderem erforderlich, daß der Zivilisationsmensch die unendlichen (allgemeinen) Erscheinungen wie das Göttliche und den Tod als zugehörig zu seinem Da-Sein akzeptiert. Nur so befreit er sich auch von der Vorstellung, durch sie mit irrationalen Schrecknissen zu tun zu haben, oder, in anerkennender Weise, sie als ausschließliche Fremdschicksale zu erfahren.

Solange der Mensch indes mit dem Göttlichen und dem Tod einen bedeutenden Bestandteil seiner Existenz ignoriert, wird ihm sein Da-Sein unerfüllt bzw. sinnlos erscheinen, weil sich ihm dann eine Welt präsentiert, die für ihn nicht vollständig ist. Zu einer solchen lückenhaften Welt kann der Mensch keine vertrauensvolle und somit verantwortungsvolle Beziehung aufbauen. Der Mangel macht ihn ihr gegenüber vielmehr mißtrauisch. Er ist argwöhnisch gegenüber den erlebten Geschehnissen, versagt der Welt und mit ihr den Mitmenschen sein Vertrauen – traut dementsprechend den eigenen Erfahrungen nicht mehr.

Da die Welt der geistige Gegensatz des Menschen ist und diese Verknüpfung nur in einem sich gegenseitigen Bedingen existiert, ist die unerfüllte Welt das Spiegelbild dafür, daß die Einzelexistenz nur fragmentarisch wahr-genommen wird.

Eine aktuelle Konsequenz der persönlichen Erfahrung einer unzulänglichen Welt ist das Bestreben jedes Einzelnen, die Welt bzw. die Mitmenschen „für sich" so zu ändern, daß sich daraus für ihn vielleicht erfüllte Zufriedenheit einstellt. Ein solches Vorhaben kann auch kollektive Formen annehmen, wenn ein gemeinsamer Weg für viele Individuen als der richtige erscheint. Doch ob im Einzelbemühen oder in gemeinsamen Einzelhandlungen, in beiden Fällen möchte jede individuelle Existenz, die sich von der Allgemeinheit befreit wähnt, für ihre besondere Lebensauffassung eine Allgemeingültigkeit geltend machen. Mit einer solchen Vor- und Einstellung kann der Mensch sich nicht mit seiner Welt versöhnen, sie wird weiterhin als feindlich verstanden. Es herrscht so das Mißtrauen aller gegen alle vor. In entsprechender Weise funktioniert heute der Lebensalltag des Zivilisationsmenschen, sei es im privaten oder im öffentlichen Bereich.

Ein solcher gesellschaftlicher Zustand wird erst eine gravierende Veränderung erfahren, wenn der Mensch durch die Widersprüche, die er mit seinem Denken und Handeln entwickelt, gezwungen wird, die

Welt als die seinige zu erfahren. Dann begreift er, daß sie zu jeder Zeit sein Anderssein ist, das seine Individualität bestätigt, denn auch der Zivilisationsmensch ist nur als Welt- und Gesellschaftswesen Einzelner.

Sich im anderen zu erfahren, vielmehr erst durch den Anderen sich als erfüllter Mensch zu wissen, ist ein Erlebnis, das die Menschen, seit sie denken also sprechen können, als Liebe bezeichnen. Und einzig mit ihr finden sie die Geborgenheit in ihrer Welt wieder.

Um dieses Ziel zu erlangen, müssen die Grenzphänomene des Göttlichen und des Todes in den menschlichen Alltag einbezogen werden. Ihre Anerkennung könnte geradezu als ein Maß dafür gelten, in welchem Grad sich der Mensch in seiner Welt liebend verhält. Wenn beide Erscheinungen in der Einzelexistenz liebend aufgenommen werden, im Sinne eines Bemühens, sie zu begreifen, wird der Mensch ein harmonisches Einvernehmen mit den konkreten Entwicklungen des Lebens genauso finden, wie mit seinem persönlichen Ende.

Lesehinweise

Der Verfasser hat im Text einige Wörter mit Trennungsstrichen versehen. Das geschah aus drei Gründen.

Bei den beiden Begriffen „Bewußt-Sein“ und „Da-Sein“ handelt es sich um Eigennamen im Unterschied zu den Wörtern „Bewußtsein“ und „Dasein“ aus der Alltagssprache, bei denen vorwiegend der Gegenstand von Bewußt-Sein und Da-Sein gemeint ist. Die Vergegenständlichung ist indes nur ein Bestandteil der Bewegung von Bewußt-Sein und demgemäß vom erfahrenen Da-Sein. Bewußt-Sein ist ein Geschehen, das durch den Strich zwischen „Bewußt“ und „Sein“ ausgedrückt werden kann. Genaugenommen müßte der Strich durch eine zweiseitige Pfeilrichtung ersetzt werden, wodurch sich dann die Schreibweise „Bewußt↔Sein“ bzw. „Da↔Sein“ ergäbe – denn erst die Bewegung zwischen beiden Gegensatzseiten läßt den Gegensatz entstehen. Die gegenläufigen Pfeile machen jedoch nicht die Wechselwirkung beider Seiten aufeinander deutlich, die sich durch die gleichzeitig ablaufende beiderseitige Bewegung ergibt. Es könnte vielmehr die Vermutung entstehen, daß infolge einer nicht sichtbaren Mitte die Seiten entstehen. Der Strich ist also der ersichtlichere Hinweis dafür, daß erst mit der wechselseitigen Gegensatzbewegung der Abstand zwischen „Bewußt“ und „Sein“ entsteht, der Bewußt-Sein bedeutet. (In ähnlicher Weise ist übrigens auch der Begriff „Mensch-Sein“ zu verstehen.)

Eine getrennte Schreibart von Wörtern wurde weiterhin vorgenommen, um bestimmte Bedeutungsgehalte im Wort hervorzuheben. Beim Wort „Licht-ung“ geht es beispielsweise nicht vornehmlich um eine bildliche Veranschaulichung einer freien Fläche inmitten eines Waldesdickichts, sondern mit dieser Schreibweise des Wortes wird verdeutlicht, daß es innerhalb des Dunkels des biologischen Seins zu einer Ausbreitung von Licht kommt. Dieses Licht kann auch geistige Tageshelle genannt werden, im Unterschied zu der sie umgebenden bewußtlosen Dunkelheit.

Dementsprechend soll bei der Schreibweise „Be-freiung" oder „Frei-heit" betont werden, daß sich der Mensch von sich als biologischem Wesen gelöst hat und nicht mehr lückenlos in seine Biologie eingebunden ist. Dies ist das „Zur-Welt-Kommen" des schon vorher leiblich geborenen Wesens Mensch, das sich erst durch die Be-freiung von sich als Tier seiner dadurch entstehenden Welt bewußt wird. Die Entstehung der menschlichen Welt ist also kein rein biologisches Geschehen, vielmehr ein Ergebnis geistiger Vorgänge, die in der Biologie des Menschen eine Voraussetzung hat.

Das außer- und vorgeistige Sein des Menschen wird als „bloß-biologisch" bezeichnet, wobei der Wortbestandteil „logisch" ausdrückt, daß eine derartige Bestimmung nur in der Reichweite von Bewußt-Sein möglich ist.

Die dritte und weitaus größte Gruppe der mit einem Trennungsstrich versehenen Wörter soll auf die wortwörtliche Bedeutung der jeweiligen Ausdrücke hinweisen. In einem Zeitalter, in dem Wörter vorzugsweise als Zeichen innerhalb von Hinweissätzen benutzt werden, erscheint die Verdeutlichung des eigentlichen Gehaltes mancher Wörter notwendig. Diese wortwörtliche Bedeutung des getrennt geschriebenen Wortes ist für das umfassende Verständnis des zugehörigen Satzes wichtig, und es wird zudem im nachfolgenden Text in dieser Auffassungsweise weiter verwendet. Wie treffend die deutsche Sprache mit einigen Einzelwörtern Vorgänge von Bewußt-Sein dazustellen vermag, zeigt die nachfolgende kleine Aufstellung:

Fest-stellung, fest-zu-stellen: Ein menschlicher Eindruck (eine Wirkung auf den Menschen) wird im fließenden Leben zum geistigen Stillstand gebracht. Er wird vermeintlich unveränderlich im weiterlaufenden Leben. Diese Fähigkeit des geistigen Festhaltens ist Voraussetzung für die Vergegenständlichung von Lebenserscheinungen.

Eigen-Sinn: Bezieht sich auf die personengebundene Erfahrung eines Bedeutungsgehaltes, der einen Zusammenhang zwischen verschiedenen Erlebnisweisen erschließt. (Konkret im vorliegenden Text zwischen der bewußten Einsicht des Verlangens, die geschlechtlichen Triebe zu befriedigen, und der Scham, diese ungezügelt bzw. unvorbereitet auszuleben.)

Wahr-nehmung, wahr-genommen, wahr-machen: Wenn unter Wahrheit die Übereinstimmung des persönlichen Wissens mit der Welt, die diese Person erfährt, verstanden wird, dann ist wahr-machen das Bemühen des Denkenden, diese Entsprechung „für sich" zu erzeugen. Das Wahr-nehmen wäre demgemäß die Einsicht der Übereinstimmung zwischen dem Denkenden und seinem Denkinhalt, also seiner Welt.

Auseinander-setzung: Zunächst muß der Mensch einen Abstand zu seinen Eindrücken schaffen, um sie zu verstehen. Dazu nimmt er eine geistige Trennung zwischen sich selbst und seinen Erlebnissen vor; er setzt beide dadurch entstehende Seiten auseinander. Eine Setzung ist es, weil es sich um einen geistigen Akt handelt. Erst danach beginnt das, was im Alltag in erster Linie als Auseinandersetzung bezeichnet wird, nämlich die nun bestehenden Unterschiede in eine Einstimmigkeit zu bringen; das gerade erwähnte wahr-machen.

vor-zu-stellen: Das ist der erste Schritt bei der Auseinandersetzung. Der Mensch stellt den auf ihn wirkenden Eindruck geistig vor sich hin. Der vor-gestellte Eindruck kann dann zu einem realen Gegenstand in einer scheinbar – weil in der Dimension von Bewußt-Sein verbleibenden – außermenschlichen Welt umgebildet werden.

Gegen-stands-welt: Ist die Summe der Dinge und Ereignisse, die sich der Mensch in der Ausdehnung von Bewußt-Sein gegenüber stellt, und sie solchermaßen als positive Welt erfährt, das heißt, als außerhalb von seiner Person.

er-scheint: Alles was der Menschen erfährt, ist Bewußt-Sein. Jeder Eindruck muß also sozusagen ins Geistige übertragen werden, wodurch er erst ein menschlicher Eindruck wird. Deshalb ist die Erfahrung für den Menschen immer der ideelle (geistige) Schein der Lebenswirklichkeit, oder, anders gesagt, die Welt des Menschen, wie er sie erlebt, ist durch seine geistigen Voraussetzungen bestimmt.

ent-täuscht, Ent-täuschung: Die Vor-stellungen sind nicht vollständig identisch mit der Lebenswirklichkeit, die sie bezeichnen, sondern Annäherungen an sie. Deshalb geben Vorstellungen ausschließlich ein scheinbares Bild von der Lebenswelt. Mit jeder neuen Erkenntnis wird die Auffassung von der Welt korrigiert, weil sich das vorherige Weltbild als Täuschung herausgestellt hat. Der Mensch ist von diesem enttäuscht. Das ist er freilich nur deshalb, weil er schon mit einer neuen Weltanschauung lebt. In dieser bemerkt er zunächst nicht, daß auch sie wiederum nur eine nun andersgeartete Annäherung an die Lebenswirklichkeit ist. Das bedeutet, sie wird im weiteren Lebensgang durch neue Einsichten ebenso eine Ent-täuschung erfahren. Eine völlige Übereinstimmung von bewußter Erkenntnis und wirklichem Leben ist demgemäß niemals zu erlangen.

grund-legend: Erscheinungen oder Einsichten werden auf einen sie stützenden Boden gestellt.

be-gründen: Ist im geistigen Austausch der Menschen eine Rechtfertigung von Geschehnissen oder von Phänomenen, die in der Weise vorgenommen wird, daß deren Grund-legungen aufgezeigt werden.

merk-würdig: In der Alltagssprache wird das Wort in erster Linie für ungewöhnliche Erscheinungen und Verhaltensweisen verwendet. Im wörtlichen Sinne bedeutet es jedoch, daß ein Ereignis des Aufmerkens und des sich Einprägens würdig ist.

er-wachsen: Erwachsen wird der Mensch, wenn er seiner

Kindheit entwachsen ist, das heißt, wenn seine geistigen Fähigkeiten in der Art ausgebildet sind, daß er im Leben nicht mehr unmittelbar agiert. Er bewertet dann in verstärktem Maße seine Aktionen und bezieht gegenüber seinen Handlungen Stellung, unter anderem deshalb, weil er die Grenzen seines Da-Seins kennt. Indem er seine Taten nun vorentwirft, ist er für seine Handlungen bevollmächtigt.

Ver-antwort-ung: Dies besitzt der Mensch, wenn er auf seine auf ihn einwirkende Welt eine ihr entsprechende Antwort zu geben vermag. Gelingt ihm das nicht, ist er seiner Welt gegenüber sprachlos und so ihr ausgeliefert.

eigen-ständig: Ist der Mensch, der für sich selbst steht. Vornehmlich als Standpunkt des „Ichs" verstanden, in dem es sich als unabhängig von seiner Welt sieht.

Über-lebenswelt: Bezeichnet das Geschehen nach dem Leben auf der Erde. In der religiösen Kultur oft als himmlisches Paradies vergegenständlicht, wodurch das Beiwort „über" einen räumlichen Bedeutungsgehalt hat. Über-lebenswelt kann jedoch auch in zeitlicher Erstreckung aufgefaßt werden, als über die Lebenszeit hinausweisend.

bio-logisch: Mit dieser getrennten Schreibweise wird deutlich gemacht, daß nur in der geistigen Ausdehnung das tierische Sein, auch das des Menschen, zu erkennen ist. Das heißt, lediglich innerhalb der Logik gibt es die Erfahrung eines tierischen Seins.

un-menschlich: Steht für all die Phänomene und Geschehnisse, die außerhalb des Menschen und seiner menschlichen Welt existieren. Auch alles un-menschliche ist ausschließlich in der geistigen Dimension erfahrbar, jedoch nur in der Form der Negation dieser Ausdehnung. Das Un-menschliche kann nicht positiviert werden, weil es dann nicht mehr un-menschlich (also außergeistig), sondern menschlich (geistig) wäre.

außer-weltlich: Der Mensch vermag in der Dimension von Bewußt-Sein sich außerhalb seiner Bewußt-Seins-Welt zu setzen. Durch diesen logischen Akt gewinnt er die „Ich"-Perspektive, bei der der Mensch sich ungebunden gegenüber seiner Welt versteht, und so von außen auf sie schaut.

über-setzen: Der Gehalt dieses Wortes kann auch als Übertragung bezeichnet werden, zum Beispiel von einer Sprach- bzw. Denkweise in eine andere.

gleich-gültig: In der Alltagssprache steht das Wort in erster Linie für einen fehlenden Wertunterschied zwischen Ereignissen oder Dingen, womit sie miteinander bedeutungslos werden. Es wird dabei aber meist vergessen, daß Gleichwertigkeit zwischen zwei oder mehreren Phänomenen sich erst in Bezug auf den ergibt, der sich diese gegenüberstellt und sie betrachtet.

Um-welt: Dieses Wort wird heute wie selbstverständlich mit dem Sein der Welt gleich gesetzt, obwohl es lediglich eine besondere Stellung der gegenständlich aufgefaßten Person als „Ich" zu seiner dementsprechenden Gegenstandswelt ausdrückt. In diesem Fall versteht sich der Mensch als von seiner Welt umstellt.

Unter-bewußt: Dieser Ausdruck ist eine genauere Kennzeichnung für das Wort „Un-bewußt". Beide Begriffe machen keine außergeistigen Geschehnisse deutlich, sondern geistig erfahrbare Ereignisse, die sich jedoch beim Menschen ungewollt abspielen, beispielsweise in Träumen, Ahnungen, Eingebungen, Vorsehungen u.ä. In der Psychologie werden sie seelische Erlebnisse genannt.

Literaturnachweis

Eliade, Mircea: „Schamanismus und archaische Ekstasetechnik“; Suhrkamp, Frankfurt a. M. 1974.

Gehrts, Heino: „Die Opferung des zeugerisch verbundenen Paares“ Gorgo Heft 1 (1979); S.22–37.

„Initiation“ Gorgo Heft 8 (1982); S.1–62.

„Vom Weltenbaum zum brennenden Baum – Die kulturellen Entwicklungsstufen im Geborgenheitserlebnis“ Gorgo Heft 13(1987); S.41–66.

„Von der Wirklichkeit der Märchen“; Erich Röth, Regensburg 1992.

„Von Schlangen und Drachen“ Unveröffentlichtes Manuskript.

Giegerich, Wolfgang: „Animus-Psychologie“; Peter Lang, Frankfurt a. M. 1994.

„Tötungen. Gewalt aus der Seele“; Peter Lang, Frankfurt a. M. 1994.

Hegel, Georg Wilhelm Friedrich: „Wissenschaft der Logik – Band 1“; Suhrkamp, Frankfurt a. M. 1986.

Liebrucks, Bruno: „Sprache und Bewußtsein – Band 3: Wege zum Bewußtsein“; Akademische Verlagsgesellschaft, Frankfurt a. M. 1966.

„Sprache und Bewußtsein – Band 6/1: Der menschliche Begriff“; Peter Lang, Frankfurt a. M. 1974.

Talayesva, Don C.: „Sonnenhäuptling Sitzende Rispe“; Erich Röth, Kassel 1964.